Martin Tamcke
»Erst das Leben muss des Lebens Wert zeigen«

Martin Tamcke

»Erst das Leben muss des Lebens Wert zeigen«

Der Syro-Iraner
Lazarus Jaure
und die Deutschen

Verlag Hans Schiler

Bibliografische Information der Deutschen Bibliothek:
Die Deutsche Bibliothek verzeichnet diese Publikation
in der Deutschen Nationalbibliografie;
detaillierte bibliografische Daten sind im Internet
abrufbar unter: `http://dnb.ddb.de`

Das Bild auf dem Umschlag zeigt Jaure Abraham (gest. 1938),
den Vater des Lazarus Jaure, in der Kirche in Gogtapa.
Von Lazarus Jaure selbst hat sich keine Fotografie erhalten.

Der Abdruck längerer Zitate von Arundhati Roy und Peter Bieri bzw.
Pascal Mercier erfolgt mit freundlicher Genehmigung folgender Verlage:
Arundhati Roy / David Barsamian, *Wahrheit und Macht*. Mit einem Vorwort
von Naomi Klein. © 2004 btb Verlag, München, in der Verlagsgruppe Ran-
dom House GmbH. Übersetzung: Andrea Brandl. · Peter Bieri, *Wie wollen
wir leben?* © 2011 Residenz Verlag im Niederösterreichischen Pressehaus
Druck- und Verlagsgesellschaft mbH, St. Pölten, Salzburg, Wien. · Pascal
Mercier, *Nachtzug nach Lissabon*. © 2004 Carl Hanser Verlag, München.

© 2013 Verlag Hans Schiler
Erstausgabe
1. Auflage 2013
Lektorat, Satz & Umschlag: Sven Grebenstein, Göttingen
Umschlagfoto: © Archiv des Evangelisch-Lutherischen Missions-
werks Hermannsburg, ohne Datum
Printed in Germany

ISBN: 978-389930-405-3

ICH BIN NICHT DU
Und du bist nicht ich.
Ich bin aber auch nicht einfach getrennt von dir,
Und du bist nicht einfach getrennt von mir.
Da ist etwas von dir in mir,
wie etwas von mir in dir ist.
Wenn es dann zur Interaktion zwischen uns kommt,
dann arbeite ich an dir in mir,
wie du an mir in dir.
Für ein besseres Verständnis voneinander,
als ein Wert an sich.

Meinen Patenkindern
Rahel, Simon und Martin

Verzeichnis der Abkürzungen und Kurztitel

Arundhati Roy	Arundhati Roy, *Wahrheit und Macht. Im Gespräch mit David Barsamian*, München 2004.
Haccius, Missionsgesch.	Georg Haccius, *Hannoversche Missionsgeschichte*, 3 Teile in 4 Bänden, Hermannsburg 1905–1920.
HMB	*Hermannsburger Missionsblatt*, Hermannsburg: Missionshandlung, 1854–1993.
Pascal Mercier	Pascal Mercier, *Nachtzug nach Lissabon*, München 2006.
Peter Bieri	Peter Bieri, *Wie wollen wir leben?*, Salzburg, 5. Auflage 2012.
Peter Schellenbaum	Peter Schellenbaum, *Die Wunde der Ungeliebten*, München, 6. Auflage 1995.
Richter, Mission	Julius Richter, *Allgemeine Evangelische Missionsgeschichte*, Bd. 2: *Mission und Evangelisation im Orient*, Gütersloh, 2. Auflage 1930.
Macuch, Geschichte	Rudolf Macuch, *Geschichte der spät- und neusyrischen Literatur*, Berlin 1976. (Vgl. hierzu die Rezension von Sebastian Brock mit wichtigen Ergänzungen und Berichtigungen, *Journal of Semitic Studies* 23 [1978], 129–138.)
NLMP	*Nachrichten aus der lutherischen Mission in Persien*, herausgegeben im Auftrag des Vereins für lutherische Mission in Persien, Hermannsburg: Missionshandlung, 1914–1933.
Viktor Frankl	Viktor Frankl, *Der Mensch vor der Frage nach dem Sinn*, München, 4. Auflage 1985.

Einleitende Überlegungen

»Die Geschichte so zu erzählen, dass gewöhnliche Menschen sie verstehen. Ich will den Experten, Akademikern und Volkswirtschaftlern unsere Zukunft wieder wegnehmen, all jenen, die in Wahrheit versuchen, irgendwelche Dinge an sich zu reißen und sie mit in ihre Höhlen zu schleppen, um sie vor den Blicken Unberechtigter, der Neugier oder dem Verständnis irgendwelcher Passanten zu schützen. Genau so legitimieren sie ihr Handeln doch immer, wenn sie sagen: ›ich bin der Experte auf einem Gebiet, von dem du sowieso nichts verstehst. Meine Sachkenntnis und meine Erfahrung sind lebensnotwendig für dich, also überlass die Entscheidung lieber mir‹.« Arundhati Roy (76)

Wer bin ich? Mit Macht treibt diese Frage viele derer um, die in fremde Länder ziehen, um dort für längere Zeit zu verweilen. Immer wieder hat mich diese Frage in einer ganz bestimmten Perspektive beschäftigt. Als Leiter zweier internationaler Studiengänge habe ich seit Jahren immer wieder Studierende aus aller Welt zu begleiten und erlebe mit, was es bedeutet, des Studiums wegen die Möglichkeit eröffnet bekommen zu haben, statt in der afrikanischen, asiatischen oder arabischen Heimat in Deutschland zu studieren mit dem Ziel, das erworbene Wissen wieder zurückzubringen in die Heimat. In gleicher Weise aber liefern diese Studierenden das Wissen ihrer Heimat hierher zu uns nach Deutschland. Längst schicken wir über diese beiden Studiengänge auch unsere Studierenden in alle Welt. Ich bin über diese internationale Arbeit selbst ein wenig so etwas wie ein Wanderer zwischen den Welten geworden und habe an zahlreichen Universitäten in aller Welt lehren dürfen. Das sind Erfahrungen, die ich nicht missen möchte, obwohl sie manchmal in schwierige innere Lagen geführt haben. Kann denn jemand ins Weite gehen, ohne sich zu verändern? Und warum ändern wir uns da? Oder: Was ändert sich da in uns und mit uns?

Diesen möglichen Fragen der Selbsterfahrung und Selbstentfaltung in einer mir selbst fremden Welt will ich mich nicht theoretisch nähern, auch nicht autobiografisch, sondern anhand der entscheidenden Jahre im Leben eines solchen Austauschstudierenden in Deutschland und der Texte, die aus dieser Zeit seines Lernens und Studiums in der Fremde und zu seiner Rückkehr in die Heimat auf uns gekommen sind. In Zeiten, in denen solch ein Studierendenaustausch zwischen Orient und Okzident (schon über die Begrifflichkeiten und die Trennung, die sie in die Welt einführen, darf kontrovers diskutiert werden) noch nicht alltäglich war, sondern die rare und begehrte Ausnahme, kam es zu solch einer Ausbildung ausländischer Studierender aus dem Iran im Norddeutschland des 19. und beginnenden 20. Jahrhunderts. Das hatte besondere Gründe. Die sollen im Hintergrund bei der Darstellung des Einzelschicksals eine Rolle spielen. Aber hier soll das Einzelschicksal einmal nicht eingeebnet werden in größere Zusammenhänge, sondern stets den Vorzug vor den allgemeinen Diskursen und den größeren historischen Zusammenhängen erhalten. Wir sind nämlich in der glücklichen Lage, dass uns einzelne dieser Studierenden einen Blick erlauben in ihr Inneres und wir noch heute aufgrund der erhaltenen Briefwechsel teilhaben können am Auf und Ab ihres Weges in ihrem Gastland. Zu Lazarus Jaure liegt seine umfangreiche Korrespondenz vor, sie wurde nur zu einem kleinen Teil bereits in seiner Zeit veröffentlicht; ein Dossier handschriftlicher Briefe befindet sich in meinem Privatbesitz. (Die Wiedergabe der Zitate erfolgt originalgetreu.) Die direkte Begegnung mit den Zeugnissen von einst soll uns hinein nehmen in den Ablauf des Geschehens.

Seit vielen Jahren arbeite ich zu solchen Texten, habe dazu immer wieder Aufsätze veröffentlicht, aber nie eine etwas breitere Darstellung eines exemplarischen Einzelschicksals, an dem wir sehr viel von dem sehen lernen können, was in zahlreichen wissenschaftlichen Diskussionen erörtert wird zur Begegnung mit Fremden, zur Sicht des Orients im damaligen Deutschland, zu den Hindernissen eines wachen, sich selbst bestimmenden Ausbildungswillens in Begegnung mit dem, was die Menschen hier an Einstellungen oder Erwartungen dem ›Fremden‹ entgegenbrachten.

Leider bin ich kein Schriftsteller, jedenfalls kein Roman-schriftsteller. Aber ich fand, dass diese Texte so tief in das Geschehen von damals mitnehmen, dass sie verbunden mit nötigen Hintergrundinformationen und einigen essayistisch-narrativen Passagen schon hinlänglich eine spannende Geschichte überliefern, der ich eher zutragen möchte als sie selbst erst erfinden zu wollen. So ist dieser Versuch nicht das, was normalerweise von einem Professor an der Universität wie mir erwartet wird. Ich glaube aber ohnehin, dass da oft Fehlerwartungen den akademischen Betrieb bestimmen (oder fremdbestimmen) und darüber oft das Notwendige für das Leben heute vernachlässigt wird. Dies scheint mir gerade in meiner eigenen Zunft ein Problem zu sein. Ich gebe freimütig zu, dass ich oft nicht den Eindruck habe, als hätten Geisteswissenschaftler ihr Ohr stets auch am inneren Leben der Menschen, unter denen sie leben und wirken. Diskurse verselbständigen sich und sind immer wieder plötzlich nur noch ihrer selbst wegen da (*l'art pour l'art* sozusagen). Ich wollte es wenigstens einmal versucht haben, aus den fachwissenschaftlichen Diskursen auszubrechen mit einem der Stoffe, die – mit einer populären Floskel gesprochen – das Leben schrieb. Und dessen Mitteilungsgehalt scheint mir bis heute immer noch direkt wirksam zu sein.

Ich wünsche mir Leser, Deutsche wie Einwanderer aus dem Orient in Deutschland, die einem Leben auf der Spur zur Selbstverwirklichung folgen mögen. Auch da ist für mich der gegenwärtige Kontext wichtig. Seit vielen Jahren darf ich in verschiedensten Gremien mitarbeiten, die sich mit Einwanderergemeinschaften in Deutschland beschäftigen, und stets waren dabei meine Freunde in der syrisch-orthodoxen Gemeinschaft in Deutschland etwa wichtige Begleiter neben all den anderen Menschen, die, aus dem Orient kommend, hier in Deutschland eine neue Heimat fanden. Das gilt eben auch für Migranten, die man früher »Nestorianer« nannte und in Deutschland zumeist aus dem Irak und aus dem Iran stammen. Dass solche gegenwärtige Interaktion unter Umständen mitschreibt an solch einem Buch, das sich einem historischen Schicksal (auch ein diskussionswürdiges Wort) widmet, versteht sich von selbst.

Ich kann also nicht der Illusion aufsitzen, pure Historie erheben zu wollen, obgleich das von mir erlernte Handwerk des Historikers sicher spürbar bleibt.

Dieser letzte Aspekt verdient für das, was ich hier versucht habe, ebenfalls besondere Beachtung. Es bleibt immer fraglich, ob wir über uns überkommene historische Texte überhaupt heranreichen an das, was sich wirklich in einem Menschen vollzog oder unter Menschen zu anderer Zeit sich ereignete. Immer bleibt da ein wesentliches Stück Konstruktion. Und gerade wer meint, über Texte und deren Verknüpfung an die Wirklichkeit von einst heranzukommen, weiß, wie sehr das die Wirklichkeit von einst auch verfehlen kann. Texte sind ja immer schon Ausdruck von Prozessen, die aus einem Geschehen erwachsen sind, das dann in einem Text seinen Niederschlag findet. Wie viel vom Leben geht wirklich in einen Text ein, wie viel muss von vornherein draußen bleiben? Und doch bleibt auch das in Texten aufgespeicherte Leben oft noch so sprechend, dass es eine Wirklichkeit in unserer Imagination schafft, die uns als eine Art Miterleben mit dem Geschehen in den Texten erscheint. Und das wiederum hat viel mit dem zu tun, was solche Texte in uns anrühren. In den Texten begegnet uns also nicht nur fremde Wirklichkeit eines fremden Menschen in einer uns fremden Zeit, sondern auch eigene Wirklichkeit eigenen Daseins in unserer Zeit. Wo das geschieht, da wird nicht neutraler Stoff zu unserer Wissensvermehrung präsentiert, sondern da wird ein Lernprozess eröffnet zwischen geronnener Erfahrung in überlieferten Texten und dem eigenen Sein. Natürlich ist es möglich, dass historische Texte keine Sprache entwickeln, die uns heute so erreichen könnte, dass wir mit ihnen in ein Interaktionsgeschehen treten wollten. Natürlich können auch unsere eigenen Verstehensweisen so verhärtet sein, dass sie ein Hören auf Texte, die womöglich aus anderen Lebensweisen auf uns zukommen, unmöglich machen. In beiden Fällen bleiben der Text und sein Leser einander verschlossen. Offen wird der Text erst, wenn ich in meinem Sein so weit wach geworden bin, dass ich nicht mehr in den Bahnen einer mir angeeigneten kulturellen Verstehensweise mich ausreichend wahrnehmend fühle.

Um solch einer Aufnahme der von mir hier gebotenen Geschichte für Leser in Deutschland ein wenig zuzuarbeiten, sind den Kapiteln Motti vorangestellt, die nichts mit der gebotenen Historie, viel aber mit möglichen Anschlussstellen für unser heutiges Verstehen und der Frage nach der Relevanz solch einer Geschichte für uns zu tun haben. Sie offenbaren sicher auch etwas von meinen eigenen Intentionen und Positionen, die sozusagen versteckt hinter dem Motto von mir im Gespräch mit dem Leser erprobt werden. Die vorzugsweise gewählten Autoren kennzeichnet, dass sie Themen intensiver bearbeitet haben, die mir selbst wichtig sind: Arundhati Roy kämpft an der Seite der Armen in Indien; Peter Schellenbaum hat darauf hingewiesen, dass wir alle in uns Wunden des Ungeliebtseins tragen; Pascal Mercier alias Peter Bieri beschäftigen Fragen der Lebensführung (mein eigenes Tolstoi-Buch hatte ursprünglich den Untertitel »Lebensentwurf und Lebensvollzug« getragen).

Dass ich da nicht einfach geradeheraus meine Sicht oder Option anbiete, hat vielerlei Gründe, einen aber ganz gewiss: es sind oft Positionen auf Widerruf, Einladungen zu Reflexion, Diskussion und Meditation. Ich möchte gerade nicht den Leser entmündigen, indem ich ihm Urteile vorgebe, selbst wenn ich das oft gar nicht vermeiden kann. Aber ich möchte doch damit signalisieren, dass ich ernst nehmen möchte, was der Berliner Philosoph Peter Bieri in einem seiner Bücher herausstellt, wenn er da auf »die eigene Stimme« abhebt, die es zu erlangen gilt (und der ich mit diesem Büchlein im Dienste der Leser natürlich auch zuträglich sein will). Es geht darum, »nicht das zu leben und zu sagen, was andere uns vorleben und vorsagen, sondern das, was der Logik der eigenen Biographie entspricht« (33). In der lesenden Teilnahme an einem Lebensentwurf, der weithin der Versuch ist, seine eigenen Wünsche und Ziele zu realisieren gegen widrige Umstände, gilt es einzuüben in die Menschlichkeit, in die Wahrnehmung seiner selbst und des anderen, der mit mir auf dem Weg ist und auch dessen, der viel zu weit entfernt ist, als dass ich ihn real wahrnehmen könnte. Hier hilft oft die Imagination im guten Sinn. Hatten Historiker einst davor gewarnt, dass Historie nicht in den Roman abgleiten dürfe – und sie taten gut daran! –, so gilt es doch ins Heute die Erkenntnis aus dem historischen Verlauf so zu erzählen, das sie verfangen kann in den Bemühungen von uns Menschen, unser Leben zu bewältigen, eine Vorstellung von dem zu bekommen, was unser Leben sein könnte und was uns am Leben hindert. Nur wo das gelingt, nur wo die ›Melodie des anderen‹ auf die ‚Melodie in mir‘ trifft, werden Momente des Verstehens und wird nachhaltige Begegnung und möglicherweise gar belastbare Beziehung.

Insofern dürfen solche Texte nicht einfach Texte für ein Fachpublikum sein, fernab dessen, was uns zu leben hilft und oft genug im Dienste des Gegenteils, wenn dadurch sozusagen eine zweite Wirklichkeit neben der Wirklichkeit geschaffen wird, die die Verknüpfung zwischen dem Unscheinbaren und Kleinen und dem, was groß und wichtig und sichtbar zu sein scheint, übergeht. »Fakten sind nicht unbedingt die einzige Wahrheit. Sie können von Volkswirtschaftlern und Bankern manipuliert und frisiert werden. Es gibt noch andere Formen der Wahrheit. Es geht darum, die Geschichte zu erzählen.« (A. Roy, 75.) In dem hier vorliegenden Fall wird das Erzählen nur ein kleines Teilelement sein können. Zu sehr sprechen die Texte doch auch aus sich selbst heraus und für sich selbst und haben es darum auch verdient, immer wieder in ganzen Teilstücken oder auch einmal – schon um des Eindruckes zu Duktus und Sprache willen – als Ganzes in den Lauf der Geschichte eingebaut zu werden. Insofern hat die Geschichte, wie sie nun hier geboten wird, etwas von einer Collage. Das soll gar nicht in Abrede gestellt werden. Im Gegenteil: nur so meinte ich, der Brüchigkeit der Einzelaussage und der letztlich unüberschaubaren Diversität der an diesem Geschehen beteiligten Lebensentwürfe gerecht werden zu können.

»Nun wird er wohl einsehen, dass er nicht
seinen Willen durchsetzen kann und sich
darein ergeben, dass er bleiben muss.«

Verpflanzung, Entwurzelung, Fremdbestimmung

»Ich erzittere beim bloßen Gedanken an die ungeplante und unbekannte, doch
unausweichliche und unaufhaltsame Wucht, mit der Eltern in ihren Kindern
Spuren hinterlassen, die sich, wie Brandspuren, nie mehr tilgen lassen. Die
Umrisse des elterlichen Wollens und Fürchtens schreiben sich mit glühendem
Griffel in die Seelen der Kleinen, die voller Ohnmacht sind und voller Unwis-
sen darüber, was mit ihnen geschieht. Wir brauchen ein Leben lang, um den
eingebrannten Text zu finden und zu entziffern, und wir können nie sicher
sein, daß wir ihn verstanden haben.«   Pascal Mercier (119)

»Ungeliebtsein ist ›normal‹, weil Normen Entscheidendes von dem, was in
uns und anderen liebenswert ist, nicht bejahen, während Liebe ›anormal‹ ist,
weil sie auch das in uns und anderen bejaht, was die Norm verneint.«
Peter Schellenbaum (16)

Nein, so einfach ist das mit der Verpflanzung vom Iran nach
Deutschland nicht. Es gibt viele Hürden. Und über diese Hürden mussten auch all jene jungen Männer hinweg, die seit 1875
nach Deutschland kamen, um sich hier theologisch ausbilden zu
lassen. Hernach sollten sie mit diesem Wissen in ihrer Heimat
tätig werden. Es handelte sich um Angehörige einer der ältesten
Kirchen der Welt, die wesentlich auch im Iran beheimatet ist.
Ihre Wurzeln reichen wohl bis ins 2. Jahrhundert zurück, und
sie legte stets Wert darauf, die Alternative zu sein zu der Kirche
im Römischen Reich, aus der sich Orthodoxe, Katholiken und
Protestanten heute gleichermaßen herleiten. Diese Kirche hatte
ein sehr individualistisches Mönchtum, eine stets im Austausch
mit vielen Kulturen der Welt stehende Theologie und war stark
geprägt von Intellektuellen.

Es waren Ende des 19. Jahrhunderts dann junge Menschen, die nach Deutschland geschickt wurden, mit der Absicht, aus ihnen Theologen zu machen. Sie waren wirklich ›jung‹. Und mit der Zeit wurden es immer Jüngere, die kamen; die waren dann nicht nur jung, sie waren sogar noch Kinder – Jungen, die wohl gerne ausgelassen gespielt hätten mit ihren Alterskameraden. Das haben sie wohl auch gemacht, so lange sie in der Heimat waren. Ihre Heimat, das war der Iran. Genauer gesagt: ihre Heimat lag im Nordwesten des Iran im iranischen Aserbaidschan. Sie alle kamen aus Dörfern westlich des Urmia-Sees. Ihre Kirche nennt sich heute Assyrische Apostolische Kirche des Ostens. Damals war das »assyrisch« noch nicht Bestandteil ihres Namens. Ihre Gläubigen wurden einfach die »Orientalen« genannt. Die Westkirchen verketzerten die Kirche später als »nestorianisch« und taten so, als sei sie mit der Lehre eines Patriarchen von Konstantinopel identisch, der unter schwierigen Umständen schlussendlich doch von der Reichskirche verurteilt worden war, weil für ihn Maria nicht ›Gottesmutter‹, sondern nur ›Mutter Christi‹ war. Doch solche theologischen Spitzfindigkeiten waren zur Zeit des beginnenden 20. Jahrhunderts nicht mehr aktuell und gerieten selbst unter den Kirchenführern dieser Kirche zusehends in Vergessenheit. Einst war diese Kirche von der geografischen Ausdehnung her die größte Kirche der Welt gewesen. Als einer ihrer Boten, der Mönch A-lo-pen, im Jahr 635 Peking erreichte, da kam es zu einem Gespräch mit dem Kaiser Tai Tsung. Nach dem Gespräch empfahl der Kaiser seinen Untertanen das Studium der neuen Religion und es entstanden Kirchen und Klöster als geistig-geistliche Zentren für diese Christen und jene, die sich für diese Religion interessierten. Die Kirche verbreitete sich in Tibet, auf Japan, in Indien (da berufen sich die Nachfahren dieser Kirche darauf, dass der Apostel Thomas schon das Christentum nach Indien brachte), auf Sri Lanka (Ceylon) über die Weiten Zentralasiens und entlang der Seidenstraße ebenso wie über den Persischen Golf in die Arabische Halbinsel hinein und etwa auf der Insel Soqotra. Auch auf dem Boden des Römischen Reiches konnten sie sich am Ende des 6. Jahrhunderts wieder stärker ausbreiten, in Palästina, in Ägypten, in Edessa und Jerusalem. Aber schon im 15. Jahrhundert war diese Kirche den Stürmen des die Christen niedermachenden Timur Lenk erlegen. Es blieben nur Reste. In China ging die Kirche wohl in lokales Brauchtum auf, in Indien erlag sie den Zerspaltungen aufgrund der europäischen Eroberung des Subkontinents, so dass nur noch ein kleines Häuflein heute sich zu dieser Kirche und ihrer langen Geschichte auf dem Subkontinent bekennt. In ihren zentralen Ursprungsgebieten zogen sie sich immer mehr in unwirtliche Gebirgsgegenden zurück. Aber da überlebten sie. Erst Mitte des 19. Jahrhunderts war ihre Existenz auch dort ernsthaft gefährdet, nachdem bei Stammeskonflikten in der Region, in die sie verwickelt waren, die Residenz des Patriarchen eingeäschert wurde und Tausende ihr Leben verloren. Und doch leben sie da teilweise noch heute, nachdem die ersten gegen sie gerichteten Vernichtungswellen nie ganz zu ihrer Auslöschung führten, sondern immer ein Rest dieses stolzen Volkes überlebte. Es könnte vielmehr uns heute vorbehalten sein, miterleben zu müssen, wie diese Zeugen kultureller Vielfalt in Mesopotamien aus dem Zweistromland langsam verschwinden, weil in den von ihnen heute bevorzugten Siedlungsgebieten im Irak, im Iran und in Syrien beileibe nicht erkannt wird, was für ein Schatz diese Gemeinschaft für die jeweilige Gesamtgesellschaft darstellt.

Als 1875 der erste junge Mann, sein Name war Pera Johannes, von einem Bischof Joseph und einigen Kirchenmännern auf die Reise gen Westen geschickt wurde, da geschah das in der Hoffnung, es möge bei den deutschrussischen Lutheranern oder aber bei deutschen Lutheranern möglich sein, ihm eine theologische Ausbildung zukommen zu lassen und ihn finanziell in dieser Zeit zu unterhalten. Die Deutschrussen empfahlen ihn nach Leipzig, wo man sich für nicht zuständig erklärte. Auch in Basel reagierte man auf den Mann nicht besonders entgegenkommend. Erst im Elsass fand er bei konfessionellen Lutheranern Gehör, die sich zudem gleich bereit erklärten, die Finanzen für sein Studium aufzubringen. Als Studienort wurde nun das abgelegene Heidedörfchen Hermannsburg gewählt, wo sich fernab der zeitgenössischen Theologie eine Mission den Luxus einer eigenen Ausbildungsstätte für ihre Missionare leistete.

Allen diesen werdenden Theologen aus dem Iran in Deutschland standen auf dem Weg zu ihrem Studium zwei massive Hindernisse im Weg: Sie sprachen nicht die deutsche Sprache und sie hatten in Urmia und Umgebung eine den deutschen Gepflogenheiten nicht entsprechende Schulbildung genossen. Man kann sogar fragen, ob das überhaupt Schulbildung genannt zu werden verdient, was da in den Dörfern von den Priestern organisiert wurde mit der Hilfe ihrer Ehefrauen oder von ein wenig gebildeten Einwohnern, die ihr oft auf nicht institutionalisierten Wegen erworbenes Wissen an die Kinder weitergaben, die freiwillig zum Unterricht kamen. Andere kamen gar nicht zur Schule, weil der Betrieb des Vaters den Ausfall einer Arbeitskraft – auch die eines Jungen – nicht zuließ oder die Mädchen oft ohnehin nicht schulisch gebildet werden sollten, weil sie sich dann womöglich nicht mehr so einfach in die sozialen Konditionierungen ergaben. Um nun aber den Männern, die in Deutschland Theologie studieren sollten, den Einstieg in das deutsche Bildungswesen zu erleichtern, verfielen die Verantwortlichen auf beiden Seiten auf die Idee, sie schon als junge Männer nach Deutschland zu bringen, damit sie hier bereits die Schule besuchen und die schulischen Abschlüsse für das Studium erlangen konnten.

Was die Verantwortlichen dabei nicht bedachten: Die jungen Menschen standen über Nacht in einer Welt, deren Abläufe und Gewohnheiten sie nicht verstanden. Sie erlernten ja nicht nur schulischen Wissensstoff, der ihnen in Persien verschlossen geblieben war – sie fanden sich auch in einer Welt und Kultur vor, die anders war als die, aus der sie kamen. So sehr die schulische Qualifikation in Deutschland und die Unterbringung in Internaten und bei Gastfamilien ein Privileg gewesen sein mag, um das sie von vielen Zeitgenossen beneidet wurden, so sehr blieben sie doch plötzlich allein vor der großen Aufgabe, der Überflutung durch eine ihnen fremde Welt standzuhalten, die bei aller technischen Entwicklung menschlich oft hinter den ihnen gewohnten Strukturen geselligen Miteinanders zurückblieb. Die ersten Wochen ihrer Erfahrungen in Deutschland waren oft schmerzlich. Während den einen diese Erfahrungen der Fremdheit halfen, ihre Entwicklung zumindest in wissenschaftlicher Hinsicht voranzutreiben und den Schmerz des Fremdseins sozusagen in Leistungswillen umzuwandeln, vermochten die anderen nicht, die Erfahrung des Fremdseins zu verarbeiten. Sie quälten sich mit Heimweh und suchten Wege, dieser ihnen fremden Welt wieder zu entkommen.

Lazarus Jaure nun war der älteste Sohn aus einer Priesterfamilie, der nach Deutschland gesandt wurde. Geboren wurde Lazarus Jaure am 22. Oktober 1888 in Gogtapa als Sohn des Priesters Jaure Abraham, des ersten Priesters, der sich dem lutherisch gesinnten und in Hermannsburg theologisch geschulten Priester Pera Johannes aus Wasirabad angeschlossen hatte, von ihm in der deutschen Sprache und der lutherischen Theologie unterwiesen worden war und der es doch nur mit Schmerzen verkraftete, dass dieser von ihm für die Sache einer Reform seiner Kirche im lutherischen Sinn gewonnene Mann dann von den Leuten der Mission in Deutschland ihm gleichgestellt wurde. Im Jahr 1902 befand sich der vierzehnjährige Lazarus Jaure dann mit seinem später als Kaufmann tätigen Bruder Abraham Jaure im Knaben-Institut Wilhelmsdorf in Württemberg. Sie lernten dort intensiv Deutsch und erhielten eine komplementäre Schulausbildung, damit sie nicht hoffnungslos dem deutschen Bildungssystem ausgesetzt wurden, in das sie danach integriert werden sollten. Im Herbst 1912 sandte der Priester Jaure Abraham dann noch seinen dritten Sohn, Alexander, nach Deutschland. Der ging schon nicht mehr auf das Institut in Süddeutschland, sondern sollte in der zur Mission gehörigen Christiansschule seine Bildung erlangen. Lazarus Jaure stand zu diesem Zeitpunkt gerade vor dem Abschluss seiner Examina. Während Lazarus Jaure sich jedoch mit viel Hartnäckigkeit einen eigenen Weg durch das Dickicht der Vorurteile zu bahnen wusste, um schließlich mindestens ›nebenher‹ ganz eigene Studienziele zu verfolgen, blieb sein Bruder Alexander angreifbarer. Ihm machte die Umstellung von Persien nach Deutschland tiefgehend zu schaffen.

Schon nach wenigen Wochen Aufenthalt in Deutschland

waren die deutschen Gastgeber zutiefst strapaziert von den Mühen, die ihnen Alexander Jaure bereitete. Eindrücklich berichtet davon ein Brief des Hauptverantwortlichen Karl Röbbelen vom 20. November 1912. Röbbelen war der Vorsitzende des Vereins für lutherische Mission in Persien (mit Sitz in Hermannsburg). Er hielt alle Fäden der Arbeit im Iran in der Hand. Selbst die Regierung im fernen Berlin stand in Kontakt zu ihm, weil er als Spezialist galt für die islamischen Regionen des Vorderen Orients, um deren missionarische Erschließung er sich kümmerte. Berlin galt der Bauernregion im Hannöverschen auch dann noch als fern, als die Preußen Hannover besetzten und ihrem Staatswesen einverleibten. Die Heideregion blieb dem geflüchteten welfischen Königshaus treu, zu Berlin erwuchs nie ein warmes Verhältnis, wie dies besonders im Verhältnis des Königshauses zur Mission in Hermannsburg bestimmend war und noch bis in die Zeit der Weimarer Republik blieb. Diese vorherrschende Mentalität bestimmte auch und oft besonders die Verantwortlichen in der Mission. Das galt trotz anderer sozialer und regionaler Herkunft auch für den Vorsitzenden des Vereins für lutherische Mission in Persien, Röbbelen, der vor Ort eben der Spezialist für den Orient war, besonders für den Iran.

Aber: Röbbelen selbst war nie im Iran gewesen. Alle Versuche etwa auch der Missionare der Deutschen Orientmission im Iran, die in Urmia ein viel beachtetes Waisenheim unterhielten, ihn zu überreden, doch einmal selbst in den Iran zu kommen und sich mit Land und Leuten vertraut zu machen, verfingen nicht. Und natürlich verhallten so auch die Einladungen der Repräsentanten der Kirche des Ostens an ihn ungehört. Aber nicht nur Röbbelen war nie im Iran gewesen: Niemand von denen, die in Deutschland dieses Werk verantwortlich trugen und leiteten, war je im Iran. Nur ein einziges Mal besuchte für kurze Zeit der elsässische Pfarrer Karl Maurer die Region. Das war aber eine so genannte Visitationsreise, die von vornherein das Ziel verfolgte, die Arbeit in der Kirche des Ostens als ungenügend zu qualifizieren, um einen Grund zu haben, nunmehr in die Arbeit an den muslimischen Kurden einzutreten in deren Hauptstadt auf iranischem Boden, Mahabad. Wer immer also auf deutscher Seite mit den jungen Syrern befasst war, er hatte keinen direkten Bezug zu ihrer Kultur und Herkunft.

Röbbelen meinte (durchaus nachvollziehbar), guten Willens zu sein. Aber es ist immer etwas anderes, was ich selbst über mich denke, als das, was sich in der Interaktion als mein Wesen und Profil herausstellt. Zuweilen sind die Widersprüche zwischen dem Selbstbild und dem, was sich im Miteinander tatsächlich ereignet, nicht zu überbrücken. Dabei kann einer durchaus bis an die Grenzen dessen gehen, was er für andere zu leisten vermag. Und er bleibt doch auf der Strecke mit seinem guten Wollen, bleibt doch weit entfernt davon, den Notwendigkeiten der anderen Seite substantiell Rechnung zu tragen, zum Beispiel weil er sich plötzlich seiner selbst inne wird, oft unerwartet, ihn selbst verblüffend, überfordernd, verschreckend, verärgernd, herausfordernd.

Röbbelen nun ging in seinem Engagement für die jungen Syrer aus Iran weit und war bereit, sich auch ganz persönlich einzusetzen, um zum Gelingen der einschlägigen Fördermaßnahmen beizutragen. Selbst das Weihnachtsfest war er bereit, mit solch einem jungen Syrer im Kreise der Familie zu feiern. Das war gut gemeint und gewiss ein durchaus kostbares Angebot für herausragende Feiertage in Deutschland, wo solche Feste vorrangig im Kreise der Familie gefeiert wurden. Aber Röbbelens Angebot war nicht aus dem Miteinander mit dem jungen Syrer erwachsen, es ging nicht auf den Wunsch des Syrers zurück, der da gar nicht erst gefragt wurde, sondern vielmehr hat dessen angenommene Angewiesenheit auf Hilfe sogleich einschlägiges Handeln freigesetzt. Alexander Jaure hingegen, der junge Syrer, hatte ganz andere Wünsche. Ihn trieb schlicht um, dass er nicht in der Heimat war, dass er nicht im Kreis seiner Familie dieses Fest feiern konnte, dass er in der ihm fremd bleibenden Umgebung des norddeutschen Heidedorfes von einem unüberwindlichen Heimweh heimgesucht und gebeutelt wurde, wo ihm nichts vertraut war. Die Trennung von allem, was ihm lieb und teuer war, schnitt ihm ins Herz. Was für andere seiner Landesgenossen ein Privileg hätte sein mögen – für ihn war es eine Qual und nichts, das er selber hätte wollen können.

Alexander fügte sich innerlich nicht ein in scheinbar Unausweichliches. Er verteidigte sich, er rebellierte gegen die über ihn verhängten Bedingungen, rebellierte aufgrund seiner übermächtigen inneren Not, rebellierte damit auch gegen den Wunsch des Vaters und somit auch gegen die Maßnahmen der Vorgesetzten in Deutschland. Und so tat er, was ihm möglich war, das Verhängnis, in das er geraten war, zu korrigieren. Das war nur halb mutig, es war wohl auch unbedarft, naiv, blind, unwissend im Blick auf die Realien. Aber es entsprach dem eigenen Gefühl, dem eigenen Stolz, der blinden Suche danach, einem über ihn verhängtem Schicksal zu entkommen. Der seinerseits innerlich schwer von dem leidgeplagten und verzweifelten Alexander Jaure und seinem Verhalten mitgenommene und herausgeforderte Röbbelen wandte sich auf dem Höhepunkt seiner Auseinandersetzungen mit dem Jungen (wenn man dieses ausschließlich über den anderen verfügende Handeln denn überhaupt mit solch einem Zweiseitigkeit suggerierenden Ausdruck belegen darf) in einem Brief vom 20. November 1912 an dessen Bruder Lazarus Jaure:

»Wir dachten dieses Jahr Ihren Bruder Alexander in den Weihnachtsferien in unserem Hause zu haben; – es ist uns aber jetzt sehr zweifelhaft geworden, ob wir ihn zu uns einladen können. Wir haben bisher viel Aufregung von ihm gehabt. Am 20sten kam er an; wir nahmen ihn gern auf; er wurde in der Christiansschule [das Gymnasium, das damals im Besitz der Mission war] angemeldet und auf Herrn Habenichts Rat [Habenicht war der Leiter der Schule] bei dem alten Lehrer Dageförde untergebracht, wo er gut aufgehoben ist. Freilich wollten wir ihn noch einige Zeit bei uns behalten; aber er erklärte meiner Frau schon am 22sten, er wolle in ›das andere Haus‹ übersiedeln und rückte mit seinen Sachen aus, ging aber zum Bahnhof und nahm eine Fahrkarte nach Hannover. Ich war ihm gleich nachgegangen zu Dageförde und suchte ihn dann am Bahnhof, wo aber der Zug schon abgegangen war, so dass er nun auf telephonische Benachrichtigung hin von Celle zurückgebracht werden musste. Er tat uns sehr leid, da er offenbar Heimweh hatte, aber ich musste ihm doch sagen, dass er ohne Erlaubnis seines Vaters nicht zurückreisen dürfe. Am Sonntag Nachmittag stellte er sich ungeberdig, packte seine Sachen und wollte mit denselben zum Bahnhof. Ich musste ihm seine Tasche wegnehmen und stellte ihm vor, dass nun Hermannsburg der Platz sei, wo er nach Gottes Willen, da sein Vater ihn hierhergesandt habe, eine Zeitlang leben und seine Pflicht im Gehorsam gegen Gottes Gebot erfüllen solle. Er beruhigte sich dann, und im Lauf dieser Woche war er bei Dagefördes sehr vergnügt. Inzwischen wusste er meine Frau durch List und Lügen zu bewegen, ihm ein Paar Gummischuhe zu kaufen, die er dann wieder verkaufte, so dass er mit anderem Geld, das er nicht abgeliefert hatte, gegen 10 M. [= Mark] haben mochte, mit denen er nach Berlin zu entkommen dachte. Weil der Bahnhofsvorsteher gerade nicht am Schalter war, erhielt er von Frau Winterhoff [vermutlich die Frau des Bahnhofsvorstehers] eine Fahrkarte und kam auch in den Zug. Meine Frau kam gerade noch, ehe der Zug abfuhr, u. A. [= Alexander] wurde mit Gewalt wieder aus dem Zug gebracht. Da er aber nicht vom Bahnhof fortwollte, wurde ich noch gerufen. Er benahm sich wie ein eigensinniges kleines Kind, warf sich auf den Boden und stiess ein Geheul aus, so dass ich durch einige leichte Schläge ihm deutlich machen musste, dass er zu gehorchen habe. Nun wird er wohl einsehen, dass er nicht seinen Willen durchsetzen kann und sich darein ergeben, dass er bleiben muss. Aber wenn er sich nicht ändert und besonders in der bisherigen Weise lügt und schwindelt, auch sich in der Schule noch mehr zu schulden kommen lässt, so wird man ihn hier nicht behalten wollen. Für den Fall habe ich Ihren Vater gefragt, wohin wir ihn dann schicken sollen. Es kann ja aber auch sein, dass er sich nun besinnt, und wenn es auch nicht zu einer wahren Bekehrung bei ihm kommt, er doch sich in die Verhältnisse schickt. – Es wäre ja gut für ihn, wenn er lernte sich selbst zu beherrschen, in eine Ordnung sich zu schicken, und wenn er das, was die Christiansschule ihm bieten kann, treulich benutzte. Aber wenn er es so weiter treiben will wie in den ersten 10 Tagen, dann wird es hier nicht lange gehen. In der Christiansschule kann man einen solchen Schüler auf die Dauer nicht behalten.«

Die wahre Bekehrung, die von Alexander und seinen Leidens-
genossen erwartet wurde, war zugleich also der Anspruch, die
Syrer möchten sich in die deutsche Ordnung fügen. Demut
wurde verstanden ausschließlich von den Notwendigkeiten des
Handelns der Mission her. Die Notwendigkeiten individueller
Art im anderen Menschen, gar eines notgedrungen aufsässigen
Jungen, waren nicht im Blick, schon gar nicht als gleichwertig
das Handeln konstituierende Größen. Damals sprach man noch
nicht von Kulturschock. Und doch handelt es sich hier natürlich auch – wenn man so will – um einen Kulturschock, den
ein Kind selbstverständlich in der Regel nicht bewusst und mit
rationalen oder rationalisierten Argumenten auszutragen fähig
war, sondern eben nur unter Aufbietung aller Phantasie und
Möglichkeiten, die ihm zu Gebote standen, um sich der Überwältigung durch das Fremde durch Flucht zu entziehen, die
vermutlich im Falle eines ersten Gelingens nie ans Ziel hätte
führen können.

Diese Zähigkeit in der Behauptung der eigenen Identität
stellte freilich für die sich ihrer Nächstenliebe sicheren Deutschen nichts anderes dar als Lüge, Schwindel und ein Sich-et-
was-zuschulden-kommen-lassen. Die verzweifelte Notwehr des
Knaben gegen das, was da über ihn verfügt worden war, wurde
ihm als ein Verhalten gegen Gottes Gebot vorgehalten. Väterliche Anordnungen galten zweifelsfrei noch immer als Gottes
Gebot, der Wille und die Not eines Kindes erweckten höchstens
Mitleid im Blick auf das unabänderlich notwendige Sich-Fügen
in die Bedingungen. Alexander war den Weisungen seines Vaters und der im Auftrag seines Vaters handelnden Deutschen
also ohnmächtig ausgeliefert. Und doch machte ihn die Tiefe
seiner Not nicht nur kreativ im Auffinden möglicher Lösungen,
sondern auch aberwitzig mutig. Während er den langen Anweg
nach Deutschland im Schutz vertrauter Mitreisender gemacht
hatte, wäre er als ein allein reisendes Kind wohl schon an den
ersten Grenzen gescheitert, wäre er denn überhaupt bis dahin
gelangt. Die Gefahren der langen Reise aber dürften ihm kaum
vor Augen gestanden haben bei seinen Fluchtversuchen. Vor
Augen stand nur jene fremde Welt, die ihn beängstigte und der

er um jeden Preis entkommen wollte, indem er aus dem Unvertrauten sich aufmachte, um ins Vertraute zurückzukehren. Aberwitzig mag das Erwachsenen erschienen sein. Einer kindlichen Psyche, allein gelassen und ausgesetzt, war solch ein Fluchtversuch sicher immer noch selbstverständlicher und dem eigenen Lebensgefühl und den eigenen Bedürfnissen entsprechender als der Versuch, sich mit den nun einmal von den Erwachsenen getroffenen Entscheidungen abzufinden. Es ließe sich wohl auch erwägen, ob diese Fluchtversuche, die ihm so viel Verstellung abverlangten, nicht auch Ausdruck von Aufrichtigkeit und Geradheit gewesen sind, die es ihm unvorstellbar machten, sich durch die Wünsche der Erwachsenen in eigenen – bewussten oder unbewussten – Lebenszielen und Lebensbedürfnissen manipulieren zu lassen. Entsprachen seine wiederholten Rückkehrversuche nicht einer in ihm etablierten Ordnung, die aber eben nicht jene war, in die er sich nach dem Willen seiner deutschen Gastgeber besser hätte schicken sollen?

Sowohl der Junge als auch Röbbelen erlebten, dass sie nicht einfach Herr der Lage waren. Stattdessen erfuhr der eine im sich wiederholenden Scheitern seiner Fluchtversuche eine erdrückende Ohnmacht. Zwar mag ihm die Findigkeit bei der Organisation seiner Fluchtversuche vorgekommen sein, als wäre er noch partiell Herr der Lage, aber es blieb doch Flucht. Es war unmöglich, offen auszusprechen, dass Rückkehr ins Vertraute die einzige Möglichkeit innerer Unversehrtheit gewesen wäre. Aber auch der andere, der seitens der Deutschen hier als Gastgeber die Verantwortung für eine gelingende Ausbildung trug, empfand so etwas wie Hilflosigkeit oder Ohnmacht angesichts dessen, was ihm wie Unzugänglichkeit des Jungen erscheinen mochte. Anders als die Jungen aber konnten die Verantwortlichen auf ihr Netzwerk zurückgreifen: der Vater, auf dessen Ratschluss sie sich berufen konnten; der Bruder, den sie veranlassen konnten, im Sinne der ›Einsicht‹ und Einwilligung ins Unvermeidliche vermittelnd tätig zu werden; die Spender, denen gegenüber der Aufenthalt solcher Jungen gerechtfertigt werden musste und die Erfolge sehen wollten; das eigene Sendungsbewusstsein, das letztlich das eigene Handeln als einen

Akt der Liebe und pädagogischen Verantwortung im Geist einer Mission verstand, von der man zuletzt meinte, sie sei im Kern unwiderstehlich für die, die ihrer bedurften.

Die Jungen aber hatten all dies nicht. Selbst der Vater war ihnen durch die geografische Entfernung genommen, abhanden gekommen in ihrem konkreten Lebensvollzug als eine konkret fassbare und anwesende Größe. Mit ihm zu kommunizieren war unmöglich. Post konnte nicht unbemerkt abgehen, eine für sie erreichbare Telefonverbindung gab es noch nicht. Die Verwandten oder Bekannten, die sie in Deutschland ablieferten, reisten weiter, ihren Geschäften hinterher. Niemand war da, mit dem sie bereits in vertrauensvoller und lebendiger Interaktion gestanden hätten, auf den sie hätten zählen können. Wie ertrugen sie es, über all dem auch noch zu wissen, dass sie dem väterlich-autoritativen Ratschluss widerstritten, geradezu als Rebellen gegen den väterlichen Willen sich erfuhren und damit auf sich zu nehmen hatten, dass sie eine gewichtige Regel der eigenen sozialen Herkunft eigenmächtig außer Kraft setzten? Die auch dadurch genährten Nöte müssen drückend gewesen sein. Und genau da setzten nun auch noch die Gastgeber ein und steigerten diese inneren Probleme der Jungen zusätzlich, indem sie sich zu vermeintlichen Handlangern elterlichen Willens hier in Deutschland machten. Dabei aber machten sie den Willen des Vaters für ihre eigenen Zielsetzungen dienstbar. Und es dürfte auch für sie selbst nicht mehr klar gewesen sein, was nun ihren eigenen Impulsen entsprach und was väterlichem Willen entsprochen haben mag.

Die Jungen aber hatten diese einschneidenden Erfahrungen allein zu verarbeiten. Vertraute so einer wie Alexander darauf, dass sein Vater ihm sein Handeln verzeihen würde? Röbbelen redete ihm stattdessen ins Gewissen. Und er traf bei diesem vermeintlich gut gemeinten Zureden einen der sicher schmerzlichsten Punkte, wenn er ihm klarmachte, dass er ohne Einwilligung des Vaters nicht zurückreisen dürfe. Damit beraubte er ihn der innerlichen Geborgenheit insofern, als er einen Riss in das Zugehörigkeitsgefühl des Jungen einführte und das, was der Junge meinte tun zu müssen, nun auch noch zum Gebotsübertritt machte, der sich nicht gegen die fremden Gastgeber richtete, sondern gegen den eigenen Vater, ja, gegen Gott.

Immerhin schrieb Röbbelen dem Vater. Allerdings nicht im Sinne des Sohnes und in empathischer Teilnahme an dessen Leiden, sondern mit der Frage, wohin der Junge zu schicken sei, sollte er sich nicht in die Verhältnisse und die bestehende Ordnung einfügen. So einfach war das. Dabei spürte Röbbelen das Leid des Jungen, empfand gar Mitleid. Aber der Kindeswille zählte da zuletzt nicht. Übergeordnete Maximen waren ausschlaggebend: die Ziele der Mission und die Wünsche des Vaters. Das Verhalten Röbbelens stand dabei durchaus in Übereinstimmung mit der lokalen religiösen Kultur in Hermannsburg, wo die Missionsdirektoren Louis (1808–1865) und Theodor (1819–1885) Harms sich von den Studierenden (die man als »Missionszöglinge« betitelte) als »Vater« Harms anreden ließen und dies nicht als nur symbolischen Akt meinten, sondern tatsächlich als Ausdruck einer paternalistischen Grundhaltung, die die Übergriffigkeit auf das Leben der jungen Menschen, die sich ihnen anschlossen, als Selbstverständlichkeit nahm, ohne das Übergriffige überhaupt selbst zu realisieren. Da geht Röbbelen dem Jungen nach – ein schönes Bild an sich –, aber nicht, um den Jungen in seiner Verlorenheit mitfühlend aufzusuchen, sondern im Wissen um das mögliche Fehlverhalten, das zu bestrafen war. Wie auch immer: Alles, was dem Jungen widerfuhr, provoziert durch seine Versuche, der unannehmbaren Situation zu entkommen, stürzte ihn immer tiefer hinein in die Isolation, Verlorenheit, den Schmerz der Unzugehörigkeit bei gleichzeitig empfundener Zugehörigkeit zu jenen, die nun in scheinbar unerreichbare Ferne gerückt waren.

Das dürfte wesentlich dazu beigetragen haben, dass es gerade diesen Jungen dann in der Folgezeit nach ihrer Rückkehr in die Heimat als Berufsanfänger und junge Erwachsene unmöglich wurde, sich einfach wieder in die sozialen Strukturen ihrer Heimat einzugliedern. Zu radikal entwurzelte sie die ›Verpflanzung‹ nach Deutschland. Diese Entgrenzung und Entfremdung dürfte später mitgewirkt haben daran, dass sie zu konsequenten Modernisierern in ihrer orientalischen Heimat wurden. Einmal herausgetreten aus den scheinbaren Selbstverständlichkeiten christlicher Existenz im Orient, erlebten sie bei ihrer Rückkehr umso schmerzlicher das Begrenzte ihrer Sonderstellung in der Gesamtgesellschaft, sahen im einmal angeeigneten Wissen eine Chance, der Marginalisierung durch die Mehrheitsgesellschaft zu entkommen. Ihr Eintreten für Werte, die ihnen während ihrer Studienzeit eingeleuchtet hatten, gab ihnen den Boden unter den Füßen wieder, den sie durch ihren Aufenthalt in Deutschland in ihrer iranisch-aserbaidschanischen Heimat verloren hatten.

Das war eine der Möglichkeiten, die aufgenötigte Kultur nicht im heimatlichen Umfeld verleugnen zu müssen, sondern auch nach der Rückkehr ein Mensch zu bleiben, der mehr als eine kulturelle Identiät in sich zu vereinen hatte. Wer einmal bewusst und wach über Jahre an einer Gesellschaft und Kultur partizipieren durfte oder musste, die nicht die seine war, der könnte nur mittels des Gewaltaktes des Durchstreichens eigener Vergangenheit nach seiner Rückkehr wieder der sein, der er auch hätte sein können, wenn er stets im Lande geblieben wäre. Aber diese potentiell denkbare Möglichkeit ist eben nur denkbar. Im inneren Leben lassen sich so zeitlich ausgedehnte Erfahrungen in einem Alter besonderer Empfänglichkeit (aber auch Angewiesenheit) eben nicht wieder entfernen. Von dem Moment ihrer Rückkehr an mussten die in ihnen ansässig gewordenen Kulturen auch nach außen irgendwie vermittelt werden, wollte solch ein Rückkehrer nicht ein Sonderling werden, der im Inneren etwas trug, was ihm dem Äußeren ganz entfremdete.

»Jaure hat den Brief syrisch geschrieben,
und seine Söhne, die in Wilhelmsdorf ausgebildet
werden, haben denselben übersetzt.«

Zwischen den Welten als Übersezer und
ausländischer Studierender

»Fremdsprachen lernen – das wird heute oft so dargestellt, als ginge es vor
allem darum, sich einen Vorteil zu verschaffen, was Job, Business, Ansehen
und Geld betrifft. Fremde Sprachen, fremde Märkte. Doch es kann viel mehr
sein: Ich kann an der Fremdheit der Sprache auch die Fremdheit eines anderen
Geistes kennenlernen: sehen und verstehen lernen, daß es auch andere Kate-
gorien als die meinen gibt, andere Beschreibungen von Verhalten und Institu-
tionen, andere Arten, das eigene und fremde Erleben zur Sprache zu bringen.
Und um noch etwas Wichtiges geht es: Ich lerne andere Melodien des Lebens
kennen. Das Leben klingt und schmeckt anders, wenn ich die Sprache wechs-
le; die Atmosphäre, der Duktus und das Tempo des Erlebens werden andere;
es fühlt sich anders an, in der Welt zu sein.«   Peter Bieri (65f.)

Die beiden Brüder, die in Süddeutschland untergekommen
waren, ehe sie ihre weitere Bildung erhielten, wuchsen schon
in diesen ersten Monaten in ein Brückendasein zwischen den
Kulturen hinein. Dazu waren ihre sprachlichen Fähigkeiten der
Schlüssel, der ihnen ein Dasein für Heimat und Gastland gleichermaßen aufschloss. Ihr Deutsch machte zügig Fortschritte,
ihr Syrisch hatten sie als Kinder eines Priesters von Kindesbei-
nen an gut geübt, trotz der Tatsache, dass alle Kinder der Urmia-
Region mit dem Umstand leben mussten, dass die Menschen
in ihrer Umgebung viele Sprachen sprachen: Farsi, Kurdisch,
Armenisch, Türkisch, Russisch oder die eigentümliche Misch-
sprache der Juden Aserbaidschans oder gar Arabisch. Sich in
fremde Sprachen einzufinden gehörte zum Überlebenstraining
aller kleineren Völker der Region.
    Die beiden Jungen waren schon sehr bald in der Lage, Über-

setzungsarbeiten aus dem Syrischen ins Deutsche zu leisten. Dafür gab es seitens der Verantwortlichen in der deutschen Mission einigen Grund. Im Missionsblatt machte man keinen Hehl aus dem Umstand, dass Jaure Abrahams Deutsch, das er in seinen Briefen verwandte, keine problemlose Kommunikation sicherstellte: »Leider ist es oft recht schwer, den Sinn der Briefe von Pastor Jaure Abraham festzustellen, weil die deutsche Sprache ihm nicht geläufig ist« (HMB 1902, 121). Die Lösung lag auf der Hand. Der Vater konnte nun in seiner Muttersprache schreiben und seine Söhne diese Briefe dann ins Deutsche übersetzen. Bei dem ersten Zeugnis zu diesen Übersetzungsarbeiten der Söhne des Abraham Jaure aus dem Jahr 1902 heißt es dazu lapidar: »Jaure hat den Brief syrisch geschrieben, und seine Söhne, die in Wilhelmsdorf ausgebildet werden, haben denselben übersetzt« (ebd.). Der Brief war nicht an die Mission gerichtet, sondern an den der Mission verbundenen Pastor Koopmann in Hamburg, der ihn zuvor bereits im »Anscharboten« (das dortige Gemeindeblättchen) veröffentlicht hatte. Das Verfahren der Übersetzung vom Syrischen ins Deutsche durch die Söhne hat seinen Ursprung also nicht direkt in den Notwendigkeiten der Mission, aber wurde sogleich von ihr als sachdienlich aufgenommen. Den Brief des Vaters nutzten Kirchen und Mission in Deutschland, um über die Lage in Persien zu informieren. Sie taten das nicht uneigennützig. Berichterstattungen zur Lage der Kirchen in Persien kamen allenfalls am Rande in den deutschen Zeitungen und Journalen zum Druck. Lediglich die im Iran tätigen Missionen stellten in ihren Einzugsbereichen durch Veröffentlichungen einen gewissen Kenntnisstand zur Situation sicher. Der war zusehends dann auch verwoben mit den politischen Interessen des Deutschen Reiches in Iran, doch in dieser frühen Phase war die Zusammenarbeit zwischen dem Berliner Außenministerium und der Mission noch ein nur selten genutztes Instrument.

Die Veränderung der politischen Lage im Iran aber dürfte auch die deutschen Außenpolitiker hellwach gemacht haben. Paul Rohrbach (1869–1956), der führende politische Kopf des ethischen Imperialismus, hatte doch den Iran für Deutschland als künftige Kolonie reklamiert. Deutschland wetteiferte mit den anderen europäischen Mächten um den entscheidenden Einfluss im Osmanischen Reich, und erste Entfremdungen in den deutsch-russischen Beziehungen waren unübersehbar. In dieser politischen Großwetterlage konnte jede Nachricht zu möglichen Veränderungen in einer so sensiblen Region wie dem Iran politisch weitreichende Reaktionen zeitigen, wo Russland und England um die Ausdehnung ihrer Einflusszonen kämpften, eifersüchtig die Aktionen des je anderen beobachteten und zugleich um Möglichkeiten der Einwirkung auf die iranischen Machthaber rangen. Gerade im August 1902 war der persische Schah Muzaffar ad-Din in London gewesen und hatte sich dort dieselbe Auszeichnung erhofft, die 1873 Königin Victoria seinem Vorgänger, Naser ad-Din Schah, hatte zukommen lassen. Doch König Edward VII. wies das Ansinnen zurück, um Konstantinopel nicht zu kompromittieren. Enttäuscht reiste der Schah ab. Im Folgejahr brüskierte Russland England mit der Nachricht, dass der im Oktober 1901 erarbeitete russisch-persische Handelsvertrag mit deutlicher Bevorzugung für russische Güter und seinen katastrophalen Folgen für iranisches und englisches Handelsgut in Kraft trete. Mit seiner wachsenden militärischen und ökonomischen Präsenz im Iran, die ursächlich die erste Revolution im Lande 1905–1911 heraufführen sollte, verstärkten sich auch die russischen Bemühungen um die Angliederung der ostsyrischen Kirche des Ostens an die Russische Orthodoxe Kirche ein weiteres Mal und dadurch wuchsen die Spannungen zu den englischen und deutschen Bemühungen im Iran. Und politische Spannungen waren hier immer zugleich auch religiöse, gebunden an die jeweiligen Missionsbemühungen, die sich eng an die politischen Ambitionen der jeweiligen Staaten anschlossen.

Die innerkirchlichen Spannungen im Iran, in die auch die Geschichte des Lazarus Jaure verstrickt ist und von denen seine Briefe berichten, kann man nicht recht verstehen, wenn man nicht die dahinein verwobenen weltpolitischen Aspekte mit zur Kenntnis nimmt. Tatsächlich war auch England längst in der Region mit einer Mission aktiv, die besonders auf die Bildung der Führungskräfte in der Kirche des Ostens abhob. So kamen die künftigen Patriarchen und andere, denen man zutrauen konnte, dass sie für das Volk bedeutungsvolle Funktionen übernehmen würden, in den Genuss britischer Ausbildung. Wie die Franzosen, so wirkten auch die Briten von Urmia aus. Und gerade in Urmia etablierte sich die Deutsche Orientmission mit ihrem Waisenhaus und engagierte sich etwa Anna Friedemann durch und durch auch politisch motiviert. Und hier war das Zentrum der mit der Russischen Orthodoxen Kirche vereinigten Ostsyrer, die ihre alte Kirche verlassen hatten, weil sie sich erhofften, dass unter russischem Schutz sie sich freier bewegen könnten. Natürlich blieb Urmia auch für den Restbestand derer, die nicht zur Russischen Orthodoxie übertraten, sondern um eigene religiöse und ethnische Unabhängigkeit rangen, das Zentrum. Und zu allem Überfluss zentrierte sich in dieser Region dann auch deutscher Einfluss im Iran und brachte es dahin, dass alsbald jeder Vorgang hier, der auch nur von Ferne irgendwie deutsche Interessen oder Verbindungen nach Deutschland beeinträchtigte, zu einem Politikum wurde. Weltpolitische Gegensätze wurden nun in Gestalt der unterschiedlichen politischen Optionen in der Urmia-Region von den Menschen gelebt und stellvertretend für das Weltganze im Konkurrenzkampf der Mächte miteinander ausgefochten.

Als Betroffener dieses Klimas zunehmender politischer Erhitzung in Gestalt der interkonfessionellen Auseinandersetzung meldete sich nun Vater Abraham Jaure zu Wort. Was mochten seine Söhne durchleben beim Lesen der Nachrichten aus der Heimat, wo der Vater um seine nackte Existenz kämpfte? Wie wirkte seine Resistenz gegen die russischen Übergriffe auf sie, die sie in Deutschland saßen, auf das der Vater seine Hoffnung setzte, von wo der Vater sich auch finanzielle Hilfe für seinen Kampf versprach? Seine Kirche war ihm von pro-russischen Kräften genommen worden und aufgrund von politischem Druck aus Berlin (wovon er selber nichts zu wissen schien) von der persischen Regierung zurückgegeben worden. Er, der doch in seiner Kirche für eine Reform im lutherischen Geist eintrat, war über Nacht zu einem der zentralen Kämpfer für die Selbstständigkeit und Unabhängigkeit der ostsyrischen

Kirche geworden, weil er sich der Union mit der Russischen Orthodoxen Kirche von Anfang an aufgrund seiner Bindung an die deutschen Lutheraner verweigert hatte. Bis dahin hatten die mit den deutschen Lutheranern verbundenen Priester mehr oder weniger unauffällig in ihrer Kirche gewirkt. Nun aber traten sie ins Licht der politischen Öffentlichkeit und konnten dabei nicht verheimlichen, dass ihr theologisches Profil nicht einfach dem ihrer Kirche entsprach, sondern deutlich geprägt war von lutherischen Einflüssen. Das führte auf Dauer dann auch zu Zerwürfnissen innerhalb der Kirche des Ostens. Je mehr sie sich von dem Schlag der Massenkonversion erholte und sich von Russland und der russischen Orthodoxie absetzte, desto mehr musste sie sich auch mit denen auseinandersetzen, die ihr Überleben zwar gesichert hatten, doch um den Preis einer Protestantisierung ihrer Theologie und Kirche. Die Söhne im fernen Deutschland nun standen gerade noch in der Erwartung ihres theologischen Studiums. Sie erlebten zunächst nur protestantische Frömmigkeit an einer protestantischen Schule. Aber sie waren eben in jenem protestantischen Deutschland, das nun zum Garanten geworden war für die Interessen der Kirche des Ostens vor Ort gegen die russischen Interessen. Und ihnen dürfte nicht entgangen sein, dass das protestantische Bild von der Russischen Orthodoxen Kirche wenig schmeichelhaft für die letztere ausfiel. Was der Vater in der Heimat existentiell in seinem kirchlichen Überlebenskampf erlitt, das fanden sie als Ferment in Deutschland überall wieder: die Abgrenzung von Russland und Orthodoxie, die Abwertung orthodoxer Lehre aufgrund einer sich als auf der Höhe des Geistes verstehenden protestantischen Theologie.

In dem von Lazarus und seinem Bruder Abraham übersetzten Brief schreibt ihr Vater Abraham Jaure:

»Schon lange habe ich Ihnen keinen Brief geschrieben, weil ich es auf deutsch nicht so gut kann, und weil ich auf meinen Brief eine Antwort vergebens erwartet habe.

Sie wissen, wie Gott uns etwa vor drei Jahren versuchen und unsere Kirche durch die Russen wegnehmen ließ. Unsere Hoffnungen, daß wir die Kirche wiederbekommen könnten, waren verschwunden. Den Sommer über mussten wir unter freiem Himmel und den Winter über in gewöhnlichen Häusern Gottesdienst halten. Endlich schrieb man von Deutschland aus nach unserer Hauptstadt Teheran, daß man untersuchen solle, warum man unsere Kirche genommen habe. Da nahm unser Reich, nämlich die persische Regierung, die Kirche mit Gewalt wieder zurück und übergab sie uns. Das war eine große, unbeschreibliche Freude für die Gemeinde. Wir danken dem HErrn, der unsere Gebete gehört hat! Früher hatten wir eine gute zahlreiche Gemeinde; jetzt aber eine noch viel bessere und größere. Viele neue Glieder sind eingetreten. Eine große Zahl von denjenigen, welche zu den Russen durch Betrug und wegen politischer Sachen übergetreten waren, sind wieder zurückgekehrt. Wir sind der Hoffnung, daß zuletzt noch alle zurückkehren werden. Jetzt haben wir ein Komitee von zwölf Männern. Wir zwölf geben uns die größte Mühe, um die alte Kirche, welche auch die Apostelkirche heißt, in ihrem alten Glauben zu befestigen.

Auf meinen Besuchen habe ich an verschiedenen Orten bemerkt, daß das Volk bereute, daß es sich von einem ungläubigen Bischof habe verführen lassen. Wir haben gegenwärtig tüchtige und treue Arbeiter nötig. Deswegen wurde in unserm Komitee ausgemacht, daß man am 22. November eine Versammlung in Gogtapa halten wolle. Es kamen viele Leute von allen Gegenden. Das Komitee wählte aber nur dreißig Männer, die allein bestimmen durften, und mich als Vorsteher. Anfangs hielt Pastor Pera Johannes eine Rede. Nach dieser wurden dann andere Reden gehalten, welche dem Volke den rechten Weg zeigten. Man merkte an den Gesichtern den Glaubenseifer. Nun wurden auch 16 Dorfschulen in dem Namen der alten Kirche gegründet. Jeder, der seine Kinder in eine dieser Schulen schicken will, muß für sie das nötige Geld bezahlen. Viele können das ohne Hülfe anderer Leute freilich nicht.

In diesen Tagen kehrten viele von der russischen Kirche wieder in die unsrige zurück.

Diese Versammlung dauerte 2 Tage. Die Leute, welche von weitem hergekommen waren, wurden als Gäste aufgenommen.

Am Ende der zwei Tage fand das Abendmahl statt, an welchem 150 Leute teilnahmen. Wir schieden von einander mit großer Freude. Viele sagten zu mir, ich solle sie besuchen. Trotz meiner großen Arbeit thue ich es doch und muß öfters in ziemlich weitentfernte Dörfer gehen. Eine der größten Schwierigkeiten bei uns ist, daß wir keine guten Prediger haben. Wir haben auch keine Schulen, wo Lehrer oder Prediger u.s.w. gebildet werden; auch keine Buchdruckereien, von welchen wir verlangen können, daß sie unsere Lehrbücher drucken; auch kein Geld, wofür wir Gehülfen anstellen können für die große Arbeit, die wir haben. Wenn wir soviel Geld hätten wie die anderen europäischen Missionare, so wäre unsere Arbeit sicher die erste und segensreichste.

Ich würde mich sehr wundern, wenn ich hörte, daß jetzt meine Freunde von mir genug haben und müde sind, mit uns zu arbeiten. Wollen sie mir jetzt nicht mehr helfen, da sie früher geholfen haben? Ich werde Ihnen für alles danken, das Sie mir gethan haben. Ich werde in meiner Arbeit vorwärts gehen, und der Herr wird mich auch segnen. Aber ich glaube doch nicht, daß unsere christlichen Freunde uns in ihren Gebeten vergessen werden. Der HErr segnet die Arbeit Seiner Knechte auf dem ganzen Erdboden.« (HMB 1902, 121.)

Der Brief wurde im April 1902 im Hermannsburger Missionsblatt erneut veröffentlicht und dürfte einige Wochen oder Monate zuvor eingegangen sein. Da aber waren die Jungen noch ziemlich frisch in Deutschland. Lazarus sollte erst in zwei Jahren sein Studium beginnen. Die übersetzerische Leistung ist also schon beachtlich. Sie dürfte mehreren existentiellen Bedürfnissen der Jungen entsprochen haben. So blieben sie mit dem Geschehen in der Heimat verbunden und hatten Anteil am Geschick des Vaters und der Gemeinde, aus der sie kamen. Zugleich hatten sie Anteil daran, für ihre Familie und die ihnen vertrauten Menschen ihres Heimatdorfes Hilfe zu organisieren, die dringend notwendig erschien. Was immer der Grund für den Abbruch der Kommunikation zwischen dem Vater und seinen Adressaten gewesen sein mag: die Verbindung zwischen dem Vater, der Deutsch nur eingeschränkt beherrschte, und denen in Deutschland, die er für Hilfsmaßnahmen hätte gewinnen wollen, war an unüberbrückbaren Problemen gescheitert. Das sprachliche Problem wird vom Vater selbst gesehen und anerkannt, der dennoch auf Antwort hoffte – vergeblich. Nun schreibt er den neuen Bittbrief nicht mehr in seinem gebrochenen Deutsch, auf das sich seine Partner in Deutschland keinen Reim machen konnten. Nun kehrt er zurück zum Eigenen, indem er in seiner Sprache schreibt, der Sprache, die er beherrscht und in der er sich unmittelbar ausdrücken kann. Das wäre heller Unsinn, wenn da nicht seine Söhne wären. Sie, die nun in eine deutsche Schule gehen im fernen Deutschland, sie sprechen nicht mehr nur radebrechend jene Sprache, die der Vater erst als erwachsener Mann mühsam erlernte. Sie werden nun aufgewertet in ihrer Existenz. Zum einen wird ihnen Kompetenz zugestanden, die zuzugestehen unausweichlich ist. Nur sie sprechen ostsyrisch, das moderne Ostsyrisch, wie es sich unter dem Einfluss amerikanischer Missionare in ihrer Heimat auch zur Schriftsprache entwickelt hatte und damit die alte Kirchensprache weithin ersetzte, das alte Syrisch, in dem immer noch die Liturgie in den Kirchen gehalten wurde, aber das niemand mehr sprach. Zwar gab es ein paar wenige Spezialisten in der deutschen Orientalistik, die sich dieser Sprache und ihrer Erforschung und Erschließung angenommen hatten – etwa Theodor Nöldeke (1836–1930) –, aber diesen wenigen Gelehrten hätten die kirchlichen und missionarischen Kreise kaum mit all ihrer Korrespondenz lästig werden dürfen. Die Söhne waren die Lösung des Problems!

Was zuvor am Sprachproblem scheiterte, wurde möglich: intensive Kommunikation zur Situation im Iran. Jeder, der mit Menschen in Regionen dieser Welt verbunden ist, deren Sprache er nicht spricht, kennt das Problem, selbst wenn heute das Englische in gewissen Bereichen beinahe weltweit erste Kommunikation ermöglicht: Wenn es um eine identische, facettenreiche und tiefe Darstellung des Erlebens geht, dann drückt sich jeder in seiner Sprache am besten aus. Kurzum, mit einem Mal konnten die Briefe des Jaure Abraham in vollem Umfang gelesen werden. Erstmals mussten die Empfänger seiner Briefe sich deren Inhalt nicht zusammenreimen, sondern bekamen sie so zu lesen, dass sie auch verstanden, was vor sich ging und – das dürfte sie nicht immer einfach nur erfreut haben – was von ihnen erwartet wurde. Die Söhne aber wurden nicht nur zum Sprachrohr des Vaters, sie mussten eben auch um den sprachlichen Ausdruck ringen, mit dem sie die Botschaft des Vaters den Deutschen näher bringen konnten. Indirekt partizipierten sie einerseits an den Wünschen des Vaters an die Deutschen und dürften diese auch stets erklärt haben, wo sie um solche Erklärungen angegangen wurden; andererseits partizipierten sie nun eben nicht nur an dem Unterricht in Deutsch als Fremdsprache, sondern mussten nun das, was noch bis vor kurzem ihre Welt war und ihnen jetzt während ihrer Schulausbildung nur noch als innerer Besitz zugänglich war, in deutscher Sprache sich und anderen erschaffen. Kein leichtes Geschäft für einen Dreizehnjährigen!

Und Lazarus Jaure sollte auch in anderen Kontexten durch sein junges Alter auffallen. Mit 16 Jahren wurde er 1904 in den 24. Kurs am Missionsseminar in Hermannsburg als Theologiestudent aufgenommen (wie gesagt: ›Missionszöglinge‹ hießen die traditionell in Hermannsburg, und in seinem Fall bekam das eine ganz eigene Note). Im selben Jahr noch, am 24. Oktober 1904, verfasste er sodann seine erste biblische Arbeit über »Petrus und der Hauptmann Cornelius«, die mit »genügend« bewertet wurde. Zumindest seine Prüfer hatten also nicht das Empfinden, hier eine überragende Leistung vor sich zu haben, die sie mit einer entsprechenden Note hätten versehen können. Eher war das noch ein Akt des Mitleids mit einem, der eben sein Bestes gab, das aber selbstverständlich noch immer nicht das war, was nach den Regeln der theologischen Kunst im lutherisch-erwecklichen Kontext Norddeutschlands hätte »gut« genannt werden dürfen. Die Ausbildung junger »begabter und fleißiger« Männer aus der Kirche des Ostens zu lutherischen Theologen war zu dieser Zeit längst ein fester Bestandteil der Hermannsburger Arbeit geworden. Die konzeptionelle Grundüberlegung war die Verbesserung der Hermannsburger Arbeit in Persien durch Ausbildung und Erziehung auf dem Hintergrund des Scheiterns anderer deutscher Missionsgesellschaften, die diesen Bereich nicht genügend beachtet hatten: »Denn die Hebung des nur äußerlich geschulten, wenig durchgebildeten Pastorenstandes schien uns vor allem erforderlich und wichtig« (Haccius, Missionsgesch., III/2, 376).

»Den nächsten Tag darauf holte ich mir die Matrikel
und wurde mit ca. 300 anderen Studenten
feierlich vom Rektor unter die academischen Bürger
aufgenommen.«

Das neue Leben an der Universität

»Bildung ist hier, wie bei der Idee der Würde, der Versuch, sich darüber klar
zu werden, wer man sein möchte: Man vergegenwärtigt sich, welche blinden
Prägungen man erfahren hat, lernt darüber nachzudenken und zu diskutieren,
läßt das verborgene Menschenbild und Selbstbild zu Bewusstsein kommen
und entschließt sich am Ende angesichts wahrgenommener und verstandener
Alternativen zu einer eigenen Stimme auch in diesen Dingen: Ich weiß – sage
ich dann – daß man das unterschiedlich sehen kann, aber was mich persönlich betrifft, so verstehe ich das und nicht etwas anderes unter einem Leben,
in dem es Würde und Freiheit gibt. Wenn ich soweit bin, habe ich mir eine
eigene kulturelle Identität erarbeitet, ganz gleich, auf welchem Kontinent ich
lebe. [...] Sich bilden – das ist wie aufwachen.«   Peter Bieri (74 / 83)

1908 beendete Lazarus Jaure sein Studium in Hermannsburg.
Das Studium hat auf Lazarus keinen zu großen Eindruck gemacht. Es war ein Studium mit starkem Praxisbezug, das die
Erkenntnisse der historisch-kritischen Bibelexegese weithin
leugnete, dafür die jungen Leute im Sinne eines lutherischen
Konfessionalismus zu indoktrinieren suchte. Lazarus war froh,
die Enge Hermannsburgs hinter sich lassen zu können. Nach
dem Abschluss seines Hermannsburger Studiums folgte er nicht
einfach den vorgezeichneten Bahnen ins Vikariat und dann
in den Missionsdienst, sondern er wechselte an die Universität Halle. Nunmehr stellte er sich den Ansprüchen deutscher
Wissenschaft ohne Einschränkung. Damit wagte Lazarus einen
beachtlichen Schritt. Aus dem bäuerlich-konservativen Mili-
eu der Hermannsburger wagte er sich in die deutsche akademische Welt, die damals im Zuge der kolonialen Bestrebungen

Deutschlands weltoffener geworden war, die sich immer noch zentral auch aus Impulsen der Aufklärung speiste und dem Geist des Liberalismus Raum bot. »Freie Wissenschaft« hieß damals die Parole. Aus der Sicherheit der frommen Hermannsburger Umwelt, die zugleich beengend war, führte Lazarus der Weg nun ins Weite und Offene. Aber dieser Weg war weder selbstverständlich noch gesichert. Alles auf diesem Weg musste sich Lazarus Jaure erkämpfen. Subjektiv rechtfertigte Lazarus diesen Schritt später damit, er habe dadurch seinem Volk und der Kirche seines Volkes dienen wollen. Es sei ihm nicht um ein »Höherhinauswollen« ins akademische Leben gegangen (Brief vom 6. November 1909), vielmehr habe er die Absicht gehabt, sich »für das Wohl meines Volkes und speziell der Kirche dieses Volkes auszubilden« (31. Oktober 1909).

Und doch lässt sich nicht übersehen: Lazarus Jaure wollte mehr. Er wollte nicht einfach ein schlichtes Studium an einer marginalen Institution in einer abgelegenen Gegend Deutschlands durchlaufen. Er verfügte offenbar über jene Leidenschaft des Wissenwollenden, des Wahrheitssuchenden, des Erkundenden, die in die akademische Welt geradezu hineintreibt. Doch da gab es ein Problem: Sein Vater verfügte nur über sehr begrenzte Finanzen. Die Deutschen, die Lazarus ausgebildet hatten, wollten ihn zudem möglichst zügig in ihrem Dienst sehen. Bei niemandem konnte Lazarus voraussetzen, dass er ein Interesse daran hätte haben können, ihm eine zusätzliche wissenschaftliche Ausbildung zukommen zu lassen. Eine scheinbar aussichtslose Ausgangsposition, um in Deutschland ein heiß ersehntes Universitätsstudium zu beginnen. Was tun? Lazarus griff zu einer Halbwahrheit, die ihn noch schlaflose Nächte und heftige Auseinandersetzungen kosten sollte: Er behauptete, sein Vater habe das Studium seines Sohnes gewollt, ging also über die Billigung seiner eigenen Pläne durch seinen Vater hinaus, zumal die väterliche Zustimmung zu seinen Wünschen längst Vergangenheit war und nicht in der akuten Situation erfolgte.

Im ersten Moment erkannte man in Halle nicht den eigen gearteten Werdegang des sich um einen Studienplatz Bewerbenden, und die Immatrikulation schien unmöglich zu sein. Lazarus schreibt am 30. April 1909: »Erst schien meine Aufnahme zweifelhaft zu sein. Denn der Rektor der Universität sagte mir, da ich das Zeugnis für die Berechtigung zum Einjährigen-Freiwilligen-Dienst nicht habe, so könnte ich nicht aufgenommen werden und auch keinen Hospitierschein erhalten; anderenfalls müsse ich mich an den Minister wenden. Als ich dann den nächsten Tag wieder bei ihm vorsprach, wurde mir gleich erklärt, ich könne gleich immatrikuliert werden. Und so habe ich nun die vollgültige Immatrikulation und bin in die Liste der halleschen Studenten für Theologie und orientalische Philologie eingetragen.« Etwas emotionaler schaut er einige Tage später auf denselben Vorgang. »Zunächst erklärte mir der Rektor, ich könne weder immatrikuliert noch als Hospitant zu den Vorlesungen zugelassen werden. Anderenfalls müsse meine Sache dem Minister vorgelegt werden. Indessen sollte ich den nächsten Tag wieder bei ihm vorsprechen; er wolle inzwischen mit den Universitätsrichtern sprechen. Etwas enttäuscht entfernte ich mich. Doch wie gross war meine Freude, als ich den folgenden Tag den Rektor besuchte und der Universitätsrichter auf mein Abgangszeugnis von Herrn Pastor Haccius schrieb: kann aufgenommen werden, Ihre Magnificenz ist einverstanden. Den nächsten Tag darauf holte ich mir die Matrikel und wurde mit ca. 300 anderen Studenten feierlich vom Rektor unter die academischen Bürger aufgenommen.« (Brief vom 2. Mai 1909.)

Das spätere Zeugnis nennt nicht mehr die fehlende Wehrpflicht, nur noch das Zeugnis des Missionsseminars wird erwähnt. Deutlicher als beim ersten Zeugnis zeigt sich etwas vom Gefühlsleben des Lazarus Jaure: »etwas enttäuscht« – das meint wohl: groß war meine Enttäuschung!; »groß war meine Freude« – das meint wohl auch: groß war meine Erleichterung! Er kann sein inneres Ergehen ausdrücken. Dieses innere Ergehen aber macht sich fest an der Möglichkeit, ein ganz normaler Student an einer ganz normalen deutschen Universität sein zu dürfen. Nicht der Exot sein, sondern einer von vielen; nicht aufgrund anderer Gegebenheiten in der Heimat in der neuen Heimat ausgeschlossen zu werden, sondern trotz der Differenz Teil eines Ganzen zu werden.

Nun also war er Bürger geworden, was ihm in der Heimat immer noch nicht im vollgültigen Sinn zukam und in der deutschen Gastheimat nicht zustand. Aber doch: jenseits geografischer Geschiedenheiten, jenseits kultureller Differenz, jenseits gesellschaftlich-staatlicher Verschiedenheit gab es hier einen Weg ins Freie! Einmal Bürger sein und mit anderen gleichberechtigt. Einen Moment schien eine Heimat jenseits der Heimat im lokalen Sinn auf: die Heimat akademischen Lebens. Das geistige Leben als etwas, worin ich Bürgerrecht erwerben kann, obwohl ich einem staatenlosen Volk entstamme. Die Verstärkung der emotionalen Note und das Fortfallen des kulturell Geschiedenheit repräsentierenden Hinweises auf die Militärpflicht sind eben mehr als nur zufällige Zutaten bei der wiederholten Schilderung ein und desselben Vorganges. In der scheinbar nur beiläufigen Veränderung der Darstellung bricht sich Hoffnung Bahn, die in der Heimat nicht zu nähren gewesen wäre. Aber eben hier! Jetzt eben nicht mehr nur die vom Vater erwünschte eher drittklassige theologische Ausbildung an einem Missionsseminar, nun die hohe Theologie an einer staatlichen Fakultät einer relativ berühmten Universität und, was noch schwerer wog, jetzt die wirkliche Ausbildung im Bereich der Orientalistik. Wenn das ungelernte Übersetzen auch gewisse Fertigkeiten schult, hier nun war der Zugang auch zu den orientalischen Sprachen ein anderer. Er war reflektierter, lebte aus seiner Zugehörigkeit zu einer ganzen Sprachfamilie und zu den kulturellen und religiösen Kontexten, deren sich ein nach Deutschland verpflanzter Student ohne solch ein Wissen kaum angemessen innewerden kann. Im wissenschaftlichen Studium sich selbst in seiner Sprache neu erlernen, im wissenschaftlichen Erschließen des Islam, des Arabischen, des Koran die Welt neu verstehen lernen, die in Kindertagen wie über einen verhängt worden war und durch deren sozial verankerten Nebel kein Durchkommen zu sein schien. Konnte die Wissenschaft nicht das bieten, was tatsächlich daheim einen die Dinge besser verstehen ließ und vielleicht umzusetzen war in eine völlige Veränderung der Situation dort?

Immerhin war Lazarus Jaure nicht ohne Hermannsburger

Kontext. Der spätere Kondirektor der Hermannsburger Mission Winfried Wickert (1885–1963) war sein Mitstudent, und beide befreundeten sich miteinander; jedenfalls empfand Lazarus das so. Spätere Äußerungen Wickerts zu Wünschen seines einstigen Mitstudenten lassen Zweifel angebracht erscheinen an der wirklichen Beidseitigkeit dieser Beziehung. Aber den Hermannsburgern wird sein subjektives Empfinden dennoch entgegengekommen sein. So gab es jemand, den man kontaktieren konnte für den Fall, dass es angebracht oder notwendig schien im Blick auf das, was Lazarus Jaure da in Halle als Student trieb. Wickert und Jaure wohnten nahe beieinander. »So können wir gut miteinander verkehren« (Brief vom 2. Mai 1909). In Halle nahm sich zudem der Theologieprofessor Gottlob Haussleiter (1857–1934) der beiden Hermannsburger näher an; ein Mann, der nicht im Verdacht stand, der modernen oder gar liberalen Theologie gegenüber zu aufgeschlossen zu sein. Haussleiter war es daher, wie Lazarus Jaure schriftlich an Karl Röbbelen berichtete, »natürlich eine grosse Freude als sich bei ihm zu seinen Vorlesungen ein zweiter Hermannsburger meldete« (ebd.). Haussleiter erinnerte sich, so nahm Lazarus das wahr, mit Freude seiner Zeit in Hermannsburg; Wickert und Jaure besuchten Haussleiter auch privat.

Die Theologie allerdings war Lazarus Jaure dort dann doch eher von zweitrangigem Interesse. Im Sommer 1909 hörte er nur zwei theologische Vorlesungen (»Theologische Ethik« und »Die kleinen Propheten«). Stattdessen betrieb er umfangreiche Studien im Bereich der Orientalistik: Islam, Koran, Aramäisch, Arabisch und Syrisch etwa standen auf seinem Stundenplan, dazu »Einleitung in die Sprachwissenschaft« und ein Englisch-Kurs (Brief vom 5. Mai 1909). Auch der Stundenplan des nächsten Semesters zeigt, wo bei Lazarus das akademische Herz schlug: »Folgende Vorlesungen habe ich belegt: arabische Grammatik; Lectüre des Koran in arabischer Sprache; syrische Grammatik; Lectüre des aramäischen Targum Onkelos; der Islam; Ethik; Joh[annes]-Evangelium« (ebd.). Sollte seinem Briefempfänger, Lehrer und Mentor Röbbelen immer noch nicht deutlich geworden sein, dass Lazarus Jaure mehr vom Orient und der Orientalistik angezogen wurde als von der Theologie, so ließ seine Bemerkung zu seinen bibliophilen Neigungen endgültig keinen Zweifel mehr: »Von grosser Bedeutung und Nutzen ist mir besonders die morgenländische Bibliothek. Meine freien Stunden werde ich immer dort verbringen.« Der Theologe entwickelte sich zum Orientalisten, auch wenn er dabei weiterhin natürlich Theologe blieb, also nicht seine neue Leidenschaft dazu benutzte, der bisherigen Ausbildung nunmehr gänzlich zu entsagen.

Ein bedenkliches Moment belastete freilich allen akademischen Ehrgeiz des Lazarus: Er blieb auf finanzielle Hilfe angewiesen, die aus den Gehaltszahlungen an seinen Vater geleistet wurden. Der Vater erhielt einen sehr knapp bemessenen Lohn seitens der Hermannsburger Mission für sein Wirken im Sinne des Luthertums in der Kirche des Ostens. Eindrücklich führte er stets aufs Neue den Missionskreisen in der Schweiz und in Deutschland seine sehr beengte finanzielle Situation vor Augen und bemühte sich um Spenden, um der stets drohenden Überschuldung zu entkommen. Angesichts des geringen Gehalts seines Vaters, der Größe der vom ihm zu versorgenden Familie und der Tatsache, dass selbst die Dorfschullehrer und alle Sachausgaben aus diesem ohnehin schon dürftigen Gehalt bestritten werden mussten, war das kaum auf längere Zeit auszuhalten. Für den Vater nicht, weil ihm die finanzielle Basis schmerzlich beschnitten wurde; und für den Sohn nicht, weil er wusste, was er dem Vater und den Seinen damit antat. Intensiv suchte Lazarus Jaure daher nach Lösungen des bedrängenden finanziellen Problems. Nur: die deutschen Lösungen waren eben Lösungen für Deutsche. An arme Orientalen, die unter gänzlich anderen Rechtsbedingungen aufwuchsen, hatte etwa bei der Vergabe von Stipendien niemand gedacht. So bedurfte es bei dem Antrag in Deutschland eines Vermögenszeugnisses, aus dem hervorging, dass die Lage der elterlichen Familie so war, dass es einer finanziellen Unterstützung bedurfte, wollte man dem Studierenden das Studium nicht schon aus finanziellen Gründen unmöglich machen. Aber ein solches Vermögenszeugnis aus Persien für seinen Vater zu erhalten wäre ein Akt der Unmöglichkeit gewesen. So wandte er sich am 1. Juni 1909 an Röbbelen: »Würden Sie vielleicht die Güte haben und für mich ein Vermögenszeugnis aufsetzen und mir dasselbe in der nächsten Zeit zuschicken! Denn ich habe mich um Stipendien beworben; aber ohne die Eingabe eines Vermögenszeugnisses können mir keine bewilligt werden. Natürlich kann ich kein solches Zeugnis von zu Hause vorlegen. So bleibt es also Ihrer Freundlichkeit überlassen, für mich nach Möglichkeit ein ungefähres Vermögenszeugnis abzufassen.« Symptomatisch für das Bewusstsein des doch noch immerhin Studierenden und nicht in Brot und Lohn stehenden Lazarus Jaure war es, dass er auf der Karte, mit der er Röbbelen am 29. Mai 1909 »ein fröhliches Pfingstfest« wünschte, unter »P.S.« vermerkte: »Besten Dank für jenes nachgesandte Honorar«, also gleichsam für sich in Anspruch nahm, dass sein Studium geradezu als Arbeit seitens der Mission zu entlohnen sei (es dürfte sich bei dem »Honorar« um die Übersendung eines Zuschusses zu den studiumsbedingten Unkosten gehandelt haben, die ihm die Mission zu Lasten des Gehalts seines Vaters übermittelte).

Damals wie heute bleiben zahlreiche ausländische Studierende so auf Hilfe angewiesen. Eine oft schwer zu haltende Balance, wenn man daneben ein freiheitsliebender und unabhängig denkender Mensch sein möchte, der eher Partnerschaft denn Abhängigkeit sucht. Die stets neu zu erbittenden Finanzhilfen führten in Nöte. Der Vater sei zwar, so habe er brieflich mitgeteilt, mit dem Studium des Sohnes in Halle »zufrieden«, doch fürchte »er inbezug auf den Kostenpunkt« (3. Juli 1909). Etwas leichtfertig glaubte nun Lazarus, die Nöte des Vaters im Blick auf die Finanzen zerstreuen zu können. »Denn obwohl dieses erste Semester mir allerdings direct 400 M [= Mark] aus der Kasse meines Vaters gekostet hat, so hoffe ich, im nächsten Semester fast meine sämtlichen Studiumskosten durch Beneficien austragen zu können. Schon in diesem Semester habe ich 50 M Stipendien erhalten, obwohl eigentlich im ersten Semester keine gewährt werden. Ich habe mich jetzt auch um eine Stelle im Tholuck-Convict beworben, welche mir aller Wahrscheinlichkeit nach gewährt werden wird. Der Ephorus des genannten Convictes ist der überaus freundliche Herr Professor D. Kähler, mit dem ich in den nächsten Tagen über diese Angelegenheit persönlich reden werde.« (Ebd.) Vage Wahrscheinlichkeiten werden hier zu Größen, mit denen gerechnet wird. Und ein in seiner Zeit weithin berühmter Theologieprofessor wird Teil eines Kalküls: dessen Freundlichkeit ermutigte zur persönlichen Nachfrage um Hilfe. Martin Kähler (1835–1912) war – wie Haussleiter – sicher ein Name, auf den sich Lazarus Hermannsburg gegenüber Achtung heischend berufen durfte, da er sich, seit 1867 in Halle Systematische Theologie und Neues Testament lehrend, nicht nur als biblischer Theologe verstand, sondern sich klar von zu liberalen theologischen Positionen absetzte. Übrigens gelang der Coup wenigstens teilweise. Am 31. Juli 1909 konnte Lazarus Röbbelen mitteilen, dass endgültig entschieden worden sei, ihn ins Tholuck-Convict aufzunehmen. Immer noch hoffte er allerdings auf einen sogenannten »Freitisch« und »ein kleines Geldstipendium«.

Wenn dies alles einem deutschen Studierenden damals als ein geradezu windiges Luftschloß hätte erscheinen müssen, so war das bei dem improvisationsgewöhnten Lazarus ganz anders. Er hatte noch in demselben Brief (3. Juli 1909), wo er die Nöte seines Vaters mit dem Hinweis auf mögliche finanzielle Hilfen hinwegwischte, sich ein seinerseits seinem Vater unterlegtes Anliegen zu eigen gemacht: »Nun habe ich noch eine kleine Bitte an Sie, um deren Beachtung ich Sie ergebenst bitte. Nämlich mein Vater lenkt in seinem Brief meine ganze Aufmerksamkeit auf die Erlernung der französischen und englischen Sprache. Dazu bietet sich mir nun in den Sommerferien eine ganz ausgezeichnete Gelegenheit. Ich meine, anstatt während dieser Zeit mich in Deutschland zum Teil untätig aufhalten zu müssen, will ich lieber diese Gelegenheit dazu benutzen, um in Frankreich selbst das Französische durch den Umgang zu erlernen. Um dies nun ausführen zu können, würde ich gerne irgend eine Stelle annehmen, sei es in Paris oder in einem anderen Teile Frankreichs. Da ich aber absolut mit keiner Person in Frankreich in Verbindung stehe, so dachte ich, dass Sie mir vielleicht eine solche Stelle vermitteln könnten.« Lazarus Jaure wünschte sich natürlich eine seinen Neigungen entsprechende

Tätigkeit in Paris. »Ich würde z.B. gerne annehmen eine Stelle als Wärter in einer Erziehungsanstalt oder als Privatlehrer im Deutschen und dergleichen.« Dass er sich eine Privatlehrtätigkeit für die deutsche Sprache vorstellen konnte, zeugt davon, wie sehr er sich seiner sprachlichen Kompetenz in der Sprache seines Gastlandes mittlerweile bewusst war. Doch wusste er zugleich, wie sehr er trotzdem auf die Hilfe Röbbelens angewiesen war. »Für jede Auskunft, die Sie mir erteilen, werde ich Ihnen sehr dankbar sein.« Wenig später finden wir ihn dann schon bei der Vorbereitung der Reise. Über Kassel führte ihn die Reise nach Köln, wo er Pater Paul Bedjan (1838–1920) traf (er berichtet davon am 31. Juli und am 6. August 1909). Das dürfte wieder mehr für die gemeinsamen Interessen beider an der syrischen Sprache und Literatur sprechen als für ihrer beider Stand als Theologen unterschiedlicher konfessioneller Zugehörigkeit. Bedjan entstammte einer katholischen Familie (die zur mit Rom unierten Chaldäischen Kirche gehörte, die von den mit Hermannsburg verbundenen Priestern der Kirche des Ostens als eine Abfallbewegung von der Mutterkirche verstanden wurde). Der in Khosrova/Salamas nördlich von Urmia geborene Priester hatte das Kleine Seminar der Lazaristen in seinem Geburtsort besucht, war 1856 in das Noviziat des Ordens in Paris eingetreten, 1861 zum Priester geweiht worden und hatte zunächst von 1861 bis 1880 als Priester in Khosrova und Urmia gewirkt. Danach kehrte er nach Frankreich zurück, weil er sich um den Druck syrischsprachiger Werke kümmern wollte, wirkte dann von 1885 bis 1900 bei Lüttich in Belgien und wurde schließlich Priester der Vinzentinerinnen und ihres Hospitals in Köln, was ihm Zeit ließ, sich umfangreich weiter mit der Edition syrischer Texte zu befassen. Zu der Zeit, als ihn Lazarus besuchte, stand gerade die Drucklegung des letzten Bandes seiner Ausgabe der Homilien des Jakob von Sarug an, eines der bedeutendsten Zeugnisse eines großen Kirchenlehrers der Syrer, und liefen die Arbeiten an der Edition zu dem Nestorius zugeschriebenen Buches Liber Heraclides, von dem man sich also zentrale Aufschlüsse zur Theologie und Dogmatik eben jener Kirche versprechen konnte, der Lazarus angehörte. Es hat sich kein abschließender Bericht zu der Zeit erhalten, die die beiden gemeinsam in Köln verbrachten, doch Lazarus war längst nicht mehr nur ein an Übersetzungen väterlicher Briefe interessierter junger Mann. Die Perspektiven, die sich ihm nun durch das Studium der Orientalistik aufschlossen, gingen deutlich über das hinaus, was ihm Röbbelen von der syrischen Kirchengeschichte, Theologie und Literatur vermittelt hatte. Lazarus begann jetzt ernsthaft, sich um die Erschließung jener Kultur zu bemühen, der er zwar entstammte, von der er aber gleichwohl fast nichts wusste. Die Orientalistik war ein Schritt zur Rückgewinnung der eigenen Heimat und Herkunft zumindest im geistigen Sinn. Bestärkt auf seinem nun einmal eingeschlagenen Weg fuhr er weiter nach Paris.

In Paris stand aber keine der ursprünglich angedachten preisgünstigen Unterkünfte – etwa im Kellnerheim für deutsche Kellner in Frankreichs Metropole – zur Verfügung, und der junge Mann musste sich eine eigene Stube im Süden von Paris anmieten (Postkarte vom 12. August 1909). Dass die Realien so andere waren als seine Vorstellung von Paris ihm vorgegaukelt hatte, brachte ihn alsbald wieder in die alten leidigen Probleme finanzieller Art. Bereits am 16. August musste der entdeckungslustige Syrer eine Karte als Notschrei nach Hermannsburg an die dortige Finanzverwaltung senden: »Schon vor mehreren Tagen hatte ich Sie um 60 M [= Mark] für den Monat August gebeten. Aber bisher habe ich noch immer umsonst gewartet. Wenn Sie das Geld beim Erhalten meiner Karten noch immer nicht abgeschickt haben, bitte ich um sofortige telegraphische Zusendung, da ich jetzt keinen Pfennig mehr in der Tasche habe und bis dahin der Gefahr des Verhungerns ausgesetzt bin!« Ein unmissverständlicher Ton eines jungen Menschen, der das Betteln vermutlich langsam leid war und doch genau dies immer wieder auf sich nehmen musste. Das Geld hat er erhalten. Aber ein Plan nach dem anderen zerschlug sich. Die Zeit sei für seine Zwecke »die unpassendste«, musste er am 20. August 1909 gegenüber Röbbelen eingestehen und dabei zugeben, dass dieser ihm genau das bereits beim Aufkommen der Parispläne geschrieben hatte. Alles war verreist oder geschlossen, sogar die

Sorbonne und die Universitätsbibliothek; »so ist es in allem: wen ich gesucht habe, der war nicht zu Hause und was ich gesucht habe, das war selten zu bekommen.« Doch trotz dieses Eingeständnisses verstand Lazarus auch aus dieser Situation noch Gewinn zu ziehen: »Indessen bietet mir natürlich Paris immer noch genug Anregung und Förderung. Z.B. allein das Louvre-Museum ist mir eine solche Fülle, dass ich jeden Tag ein bis zwei Stunden dort verbringe und werde es so halten, bis ich Paris verlasse. Und wenn ich sonst nichts zu tun habe, dann gehe ich in die grosse öffentliche Volksbibliothek und lese französische Schriften über den Orient.« Und was war aus seinem Anliegen geworden, die französische Sprache zu erlernen? »Die Hauptfrage ist aber natürlich, ob ich in Paris französisch lerne. Bis jetzt wohl noch nicht viel und [das] wird auch weiter [so] dabei bleiben. Denn ich bin zu abgeschlossen. Und bis zu einer Pension oder einem französischen Cursus habe ich mich nicht gewagt.« Was wunder, dass er nun auch gerne bereit war, den Vorschlag aufzunehmen, noch einige Zeit im Elsass zu verbringen. Da wurde er dann sogar wirklich gebraucht. In Büst wohnte er bei Pfarrer Karl Maurer, einem altlutherischen Pfarrer, der zudem dem Vorstand des Vereins für lutherische Mission in Persien angehörte und sich just jetzt zu seiner Abfahrt nach Persien rüstete, um dort die mit Hermannsburg verbundenen Gemeinden der Kirche des Ostens zu visitieren. Pfarrer Maurer wurde nun von Lazarus in Syrisch unterrichtet, wie dieser am 6. Oktober 1909 im Rückblick berichtet.

All der schlechten Erfahrungen dieses ersten Anlaufs zum Trotz, unternahm Lazarus Jaure später, am 17. Januar 1911, nochmals einen Versuch, zur Verbesserung seiner Französisch-Kenntnisse nach Frankreich zu kommen. Wieder hatte er sich dazu an Röbbelen gewandt wegen der nötigen Hilfe und der Einholung von dessen Einverständnis: »Und dann möchte ich Ihnen eine wichtige Bitte vorlegen; vielleicht wird es Ihnen möglich sein, darauf freundlichst einzugehen, wofür ich Ihnen sehr dankbar wäre. Sie wissen, dass im Orient und auch in Persien die französische Sprache sehr viel gesprochen wird. Herr Pfarrer Maurer erzählte mir, dass fast alle höheren Beamten französisch verste-

hen. Und mein Vater hat wiederholt mich auf die Wichtigkeit
der Erlernung der französischen und auch englischen Sprache
hingewiesen, und fordert mich in seinem letzten Brief, den
ich vor zwei Tagen erhielt, wieder auf, doch ja noch mich mit
diesen Sprachen soviel als möglich bekannt zu machen. Denn
es ist klar, dass in allen Verhältnissen, wohinein meine Arbeit
mich führen wird, diese europäischen Sprachen von grösster
Bedeutung sein werden – sowohl in der Arbeit unter meinen
Volksgenossen, als auch im Lehrerberufe und ebenso oder noch
in höherem Masse in der Arbeit unter den Mohammedanern.
Und darum geht meine herzliche Bitte an Sie dahin, ob es nicht
möglich gemacht werden könnte, dass ich von Ostern ab eine
Stelle, sei es als Vicar oder Lehrer, in Frankreich oder auch, was
aber wohl unwahrscheinlich ist, in England bekommen könnte.
Näher läge ja die Schweiz; aber Herr Pfarrer von Keussler [Vi-
kariatsleiter des Lazarus Jaure in Freiburg] sagt mir, das in der
ganzen Schweiz keine grössere lutherische Gemeinde zu finden
sei. Aber in Frankreich wird wohl die lutherische Kirche in den
verschiedensten Städten vertreten sein. Und da möchte es Ihnen
vielleicht möglich sein, eine Stelle für mich zu finden.« Doch
dieser zweite Versuch wurde ihm erst gar nicht mehr gewährt.

Jedenfalls musste er nach seiner Rückkehr aus Frankreich
1909 – er ist über Frankfurt gereist, wo er schnell noch die Flie-
gerwoche der Luftschiffer mitmachte (er berichtet die Reise am
6. Oktober 1909) – eine herbe Überraschung in Halle gewahren:
Röbbelen hatte in Erfahrung gebracht, dass es durchaus nicht
der Wunsch des Vaters von Lazarus gewesen war, ihn im vori-
gen Semester die Universität zum Studium beziehen zu lassen.
Nun stand Lazarus mit dem Rücken zur Wand und suchte am
31. Oktober 1909 sein Unterfangen Röbbelen gegenüber zu recht-
fertigen. »Ich will kurz aber mit vollem Ernste schreiben. Zwei
Tatsachen will ich erst feststellen, die mir als unumstössliche
Wahrheit gelten: erstens hatte ich die ausdrückliche, schrift-
liche Erlaubnis meines Vaters, die Universität zu besuchen, und
zweitens hatte ich dabei allein die Absicht, mich für das Wohl
meines Volkes und speziell der Kirche dieses Volkes auszubilden. Diese zwei unbestreitbaren Tatsachen lasse ich mir durch

nichts rauben.« Das hört sich überzeugt an, doch muss Lazarus zugleich einräumen, dass sein Vater zu Ostern 1909 nicht dem Universitätsstudium zugestimmt habe, sondern Bedenken wegen der Finanzierung und der Verzögerung des Eintritts des Sohnes als der für ihn vor Ort erwarteten Hilfe geäußert hatte. Er habe das aber lange zuvor einmal getan. Er sei der Meinung gewesen, wozu der Vater ein oder zwei Jahre zuvor seine Zustimmung gegeben habe, das sei auch nach diesen Jahren noch von Gültigkeit. Dabei freilich übergeht Lazarus geflissentlich, dass er Röbbelen noch am 3. Juli 1909 mitgeteilt hatte, sein Vater habe sich mit dem Studium einverstanden erklärt und nur Bedenken hinsichtlich der Finanzierung geäußert. Nun stand da aber der aufklärende Brief des Vaters. Lazarus selbst empfand das, als seien damit die Würfel gefallen. Doch meinte er nun, er habe den »Rubicon« bereits überschritten. Er glaubte also, nicht mehr umkehren zu können. Lazarus reagierte aus seiner inneren Notlage heraus und ohne Möglichkeit zur Umkehr. »Nachdem man meine Ehrlichkeit in Frage gezogen hat und nachdem mein Vater mir jede Möglichkeit benimmt, mein mit Freuden erstrebtes Ziel zu erreichen, so sehe ich mich gezwungen, aus dem Missionsdienst auszutreten. Es bleibt mir nach diesen Vorkommnissen absolut kein anderer Weg übrig. Ich trete mit einem verzweifelten Herzen zurück, aber ich muss! Bitte, sagen Sie nicht, es sei unverständiger Uebermut oder gar die schöne Formel, es sei jugendlicher Leichtsinn. Ich bin mir der Folgen bewusst. Ich werde eben sehen, wie ich mir irgend eine Existenz schaffen kann, sei es in irgend einem Teile Europas oder in Amerika. Doch will ich wagen, ehrlich zu leben. Also ich trete in den nächsten Tagen, sobald ich einen Weg gefunden habe, vom Studium zurück. [...] Jede geistige Arbeit ist mir von jetzt ab unmöglich. Mein Geschick hat meinen Geist bankerott gemacht.«

Weitgehende Zugeständnisse waren dem Bedrängten in dieser Situation nicht möglich. Wenn er nicht seinem heiß ersehnten akademischen Ziel treu bleiben konnte und es nunmehr aufgedeckt war, dass er nicht wirklich bei der Wahrheit geblieben war, so mochte er sich dennoch nicht geschlagen geben.

So behauptete er am 6. November 1909 gar, er wisse ganz genau, dass er Röbbelen den wahren Sachverhalt mitgeteilt habe und ihm nicht vorgetäuscht habe, den Brief seines Vaters gerade eben erhalten zu haben. »Es ist gewiss ein Irrtum, wenn Sie schreiben, dass ich seiner Zeit Ihnen vorgemacht hätte, als hätte ich eben einen Brief von meinem Vater erhalten, mit der Weisung, eine Universität zu beziehen. Denn ich weiss ganz genau, dass ich Ihnen damals den wahren Sachverhalt mitgeteilt habe und auch sogar das Datum des erwähnten Briefes bezeichnet habe.« Das hatte er nun freilich nicht getan. Und zu allem Überfluss rückte Lazarus nun auch noch mit einem weiteren Detail heraus, dass er aus dem Brief seines Vaters Röbbelen verschwiegen hatte. »Die ganze nach einer Täuschung aussehende Complication der Angelegenheit ist aus der Nichterwähnung der allerdings als Bedingung aufgestellten Bitte meines Vaters, dass ich auch anderweitige Hilfe zu meinem Studium suchen sollte, entstanden. Aus verschiedenen Gründen hatte ich dies Ihnen verschwiegen. Ja, vielleicht war ich verpflichtet, dies Ihnen mitzuteilen. Aber war es denn ein solches Verbrechen, das ich es nicht tat? Ausserdem habe ich mich für dieses Semester reichlicher Unterstützungen zu erfreuen.« Lazarus' heftige Reaktion hatte sowohl seinen Vater als auch Röbbelen mittlerweile zum Einlenken genötigt. Der Vater fand sich mit dem Studium des Sohnes ab, da in Gogtapa gut ausgebildete Prediger benötigt würden (in seinem Brief gibt Lazarus auch ein ausführliches Referat zum Schreiben seines Vaters). Röbbelen reagierte freundlich, aber korrigierend. Die Korrekturen jedoch nahm Lazarus nicht unumwunden an. »Sie wollen sich mein Streben nach weiteren Studien teilweise aus dem Höherhinauswollen erklären. In meinem letzten Brief liess ich den schon notierten Passus ausfallen: ›Falls Sie mir Hochmut vorwerfen sollten, will ich Ihnen gegenüber sagen, dass ich selber [mir] meiner Fehler und Schwachheiten so sehr bewusst bin, dass da nicht noch viel Raum zum Hochmut bleibt.‹« Nun musste Lazarus erneut betteln gehen. Sein Vater hatte ihn da ohnehin auf solche Möglichkeiten verwiesen für sein Studium. »In seinen früheren Schreiben hatte mein Vater mich mehrmals aufgefordert, nach Einholung Ihrer Zustimmung dem Central-Verein der Gustav-Adolf-Stiftung in Leipzig eine Bitte um Unterstützung meines Studiums vorzulegen. Bisher hatte ich es unterlassen.« Die Weigerung des Vaters, die Kosten für das Studium seines Sohnes zu tragen, war nun auch dem Sohn unzweideutig klar geworden. »Also mein Vater kann und will meine Studiumskosten nicht mehr tragen.«

Wie war da dem drohenden Aus für das Studium noch zu entkommen? Lazarus Vorschläge offenbaren, mit welcher Unbedingtheit er am einmal eingeschlagenen Weg festzuhalten versuchte. »Vielleicht darf ich Ihnen einen gewagten Vorschlag machen: könnten nicht etwa meine sämtlichen Ausgaben auf meine Rechnung geschrieben werden, sowohl was ich bisher in Halle ausgegeben habe und was ich noch weiter auszugeben habe? Später, wenn ich in meinen Beruf eingetreten bin, würde ich sie dann allmählich abtragen. Allerdings nicht im ersten oder zweiten Jahr schon würde das mir möglich sein, sondern erst später, da sonst ich in Persien meinem Vater zur Last fallen würde.« (6. November 1909.) Irreal mag man solche Vorschläge zeihen, und sie waren damals ebenso wenig akzeptabel wie sie es heute wären. Die Realien seiner gegenwärtigen Situation konnte auch Lazarus Jaure nicht einfach überspringen. Kaum hatte er mit solch geradezu illusionären Möglichkeiten gespielt, da kehrt er zurück zu den Forderungen, die er zu stellen sich subjektiv genötigt und berechtigt sah. »Nun bitte ich Sie aber, mir gleich 200 M [=Mark] schicken zu lassen[,] d.h. 75 M für Logis, 100 M fürs Mittagessen, ausserdem 4 M für Bibliothek etc.; die übrigen 21 M sollen mein Taschengeld fürs ganze Semester bilden. Ich habe im letzten Semester das Hungern gelernt; nun kann ich's auch fortsetzen.« Hinsichtlich der Vorlesungen hatte er sich um den Erlass der Honorare bemüht und hoffte, dass ihm dies gewährt würde. Er sah zum Zeitpunkt des Schreibens keinen anderen Weg, als diese Forderungen zu erheben: »ich muß unbedingt in den nächsten Tagen das Geld zur Ausbezahlung an die Convictscasse haben«, meinte er.

Doch in Hermannsburg ließ man sich nicht durch seine Nöte erpressen. Der Brief mit der Forderung war am 6. November 1909 abgefasst; am 11. November folgte eine Postkarte. »Ich möchte Sie dringend bitten, mir das gewünschte Geld spätestens bis zum 14. Nov. zukommen zu lassen. Ich kann doch unmöglich den Inspector des Convicts noch länger warten lassen. Blamiert habe ich mich deshalb bereits. Also ich möchte Sie dringend bitten, die Sache in Ordnung zu bringen.« In Hermannsburg wird man nicht gerade gewillt gewesen sein, sich die Sache des Lazarus zu eigen zu machen und gar für die Begleichung der Unkosten aufzukommen. Tatsächlich tat man verständlicherweise nichts dergleichen. Am 16. November, zehn Tage später, sandte Lazarus verzweifelt ein Telegramm. »Offiziell zum Zahlen ermahnt erbittet sofortigen Bescheid Jaure«. Da endlich erbarmte sich Röbbelen des bedrängten Syrers, nicht ohne ihm jedoch schwere Vorhaltungen zu machen, die eine künftige Übernahme des Lazarus in den Dienst der Hermannsburger in Frage stellten. Lazarus reagierte in seinem Brief vom 1. Dezember 1909 uneinsichtig: »Unentwegt halte ich meine früheren Behauptungen aufrecht. Ich habe es schon zugegeben, es war ein Fehler, dass ich einen Teil der Forderungen meines Vaters Ihnen verschwieg. Aber dass Sie mir grobe Unwahrheit vorwerfen, weise ich zurück. Ich will mich absolut nicht als ein sittliches Ideal hinstellen – aber der Vorwurf trifft in diesem Falle nicht zu. Hieraus folgt nun, dass Sie ferner nicht mehr mit mir arbeiten können. Ihre Prämissen vorausgesetzt[,] sehe ich das vollkommen ein. Nun gut, ich erwarte Ihre baldige Absage. Im folgenden übergehe ich absichtlich jede Rechtfertigung dieser meiner Handlungsweise und jede Äusserung über meine innere Stellung, um etwaige Phrasen zu vermeiden. Für die 200 M [= Mark] und besonders für das Vertrauen, dass Sie auf Ihre Verantwortung sie mir schicken liessen, sage ich meinen besten Dank. Natürlich werde ich sie, sobald es mir möglich wird, wieder zurückerstatten; das Vertrauen schenken Sie mir noch. Ich erlaube mir endlich, Sie um eine baldige entschiedene Antwort zu bitten.«

Wieder aber ließ Röbbelen sich nicht einfach dazu verleiten, den aufgewühlten Gefühlen seines Schützlings zu entsprechen. Der hingegen drängte unnachgiebig weiter. Auf einer Postkarte vom 12. Dezember stand nichts weiter als »Sehr geehrter Herr Pastor! Gestatten Sie mir, Sie um eine endgültige baldige Antwort zu bitten.« Dann antwortete Röbbelen. Lazarus bedankte sich für den »klaren Brief« (Postkarte vom 18. Dezember 1909). Er erwog ein Treffen in Berlin zwecks mündlicher Rücksprache, sofern Röbbelen in der Zeit ohnehin nach Berlin käme. Er selbst beabsichtige über die Weihnachtsfeiertage bei Bekannten in Berlin sich aufzuhalten. Lazarus Jaure, der stets darum bemüht war, einengenden Autoritätsverhältnissen zu entkommen, blieb deren Gefangener. Röbbelen hatte ihm zwei klare Bedingungen gestellt: Erstens solle Lazarus unbedingt zugestehen, dass er Röbbelen gegenüber unwahr gehandelt habe; und zweitens möge er versprechen, zukünftig so zu handeln, dass Röbbelen für ihn »die volle Verantwortung vor der lutherischen Kirche Deutschlands übernehmen« und sich für ihn »verbürgen« könne (Brief von Lazarus Jaure vom 18. Januar 1910). Erstaunlich resistent blieb Lazarus hinsichtlich des ersten Punktes. Er bäte »dringend« darum, das »vollkommen« ihm und seinem »Gewissen zu überlassen«. Das Wesentliche läge doch in dem, »was wird und nicht in dem, was war«. Er hoffe, dass der Punkt auch für Röbbelen als erledigt gelten könne. Gerade aber das Verständnis dessen, was das Gewissen ausmache, war zwischen Lazarus Jaure und Röbbelen unausgesprochen strittig. Während die Bezugsgröße dafür bei Lazarus wesentlich das war, was ihm vom eigenen Lebensentwurf her einleuchtete, wobei er darauf bestand, verstehen zu wollen, was er tun sollte und anhand dieser ihm sicher selbst nie abschließend klaren Richtung des eigenen Lebens her sich den Anforderungen stellte, die ihm seitens seiner Partner in der Mission zukamen, berief sich Röbbelen nicht in dieser Weise auf seine eigenen Ansichten, sondern auf göttliches Gebot oder das Gesamt der lutherischen Kirche oder Mission. Insofern war die moralische Intimität zwischen beiden gestört; umso mehr, da Röbbelen zwar als Mitglied einer sich in kritischer Distanz zu Landeskirche und Staat definierenden Minderheitskirche handelte (Hermannsburger Freikirche, Altlutheraner), doch so, dass sie sich nicht über den Minderheitsstatus, sondern über den Wahrheitsanspruch verstand. Das nun hatte zur Folge, dass Röbbelen nicht als mitfühlender Mitmensch und die einzige Vertrauensperson des jungen Syrers handelte oder meinte, handeln zu sollen, sondern als Verantwortlicher einer größeren Struktur und Institution. Damit aber trat sein Verantwortungs- und Pflichtgefühl der Institution gegenüber stärker in den Vordergrund als sein persönliches Mitempfinden mit Lazarus. Strukturell befand sich Röbbelen damit in der Situation eines Mächtigen. Gerade der Umstand, dass das nur in einer marginalen Substruktur Gültigkeit hatte, ließ diese Situiertheit sich eher noch stärker auswirken. Röbbelens Mentorenrolle konzentrierte sich mehr und mehr darauf, im Sinne der Institution zu handeln, gegen die Bedürfnisse des konkret auf ihn angewiesenen Auszubildenden. Drastisch zugespitzt und so möglicherweise ungerecht, dies auf den Hermannsburger Pastor anzuwenden, ließe sich mit Arundhati Roy sagen: »Sie wissen, dass normale Menschen nicht so skrupellos, kalt und berechnend wie die Mächtigen sind. Gewöhnliche Menschen besitzen ein Gewissen« (120). Die Partei nehmende Sicht Roys traut den ›normalen‹ Menschen ein Gewissen zu und hält das eben bei Mächtigen für abhanden gekommen. Röbbelen hingegen dürfte sehr wohl einen Gewissensbegriff gehabt haben, der ihn dazu autorisierte, von ihm Anbefohlenen Dinge zu verlangen, die nichts mit dem zu tun hatten, was solche Menschen als ihren möglichen Lebensinhalt betrachtet haben mochten, sehr wohl aber damit, was beispielsweise die Mission oder Kirche zum Erhalt oder Ausbau ihrer Existenz für notwendig befand.

Lazarus hingegen wähnte sich nun schon gleich aller Nöte ledig. Das Versprechen, das er Röbbelen habe geben sollen, sei »doch wohl jetzt« für ihn »überflüssig«, da es bei ihm »als unbedingt vorausgesetzt angesehen werden« müsse aufgrund seiner Entscheidung für den Missionarsberuf, schrieb er im Brief vom 18. Januar. »Damit will ich natürlich nicht im mindesten gesagt haben, dass ich bisher in jeder Hinsicht ihm nachgekommen wäre. Aber etwaige Verstösse dagegen bedeuten doch lange nicht dessen vollkommene Aussergeltungsetzung, sondern nur zeitweiliges Ignorieren desselben und sollen mich immer mehr zur Pflicht zurückrufen.« Faktisch impliziere seine Bereitschaft zu dem Beruf des Missionars das Versprechen zur Wahrhaftigkeit ja schon. Röbbelens Anspruch, für Lazarus die Verantwortung übernehmen zu können, hielt Lazarus für »etwas zu gespannt und vielleicht übertrieben«. »Denn ich meine«, schloss er vorsichtig an, »verantwortlich sind Sie nicht ganz für das, was ich tue«. Er könne mit seinem Versprechen ohnehin nicht dem Gang des Lebens vorausgreifen. Das wäre leichtsinnig. Daher könne er nicht einfach mit einem starken »Ja« antworten. »Denn erst das Leben muß des Lebens Wert zeigen«. Lazarus wies also ausdrücklich auf den fluiden Charakter auch seines Selbstverständnisses hin, zeigte sich den Möglichkeiten, die das Leben für ihn noch bereit halten könnte, geöffnet. Längst hatte er innerlich vollzogen, was sich aus seinem Schritt in die Freiheit der akademischen Welt für ihn ergeben hatte. Bisherige Strukturen, denen er ohnmächtig ausgeliefert zu sein schien, verloren an Zugriff auf ihn, und er entwickelte nicht nur neue Bedürfnisse, sondern auch ein neues Verstehen seiner selbst, das nun weithin darauf abzielte, ein selbstbestimmtes Selbst zu sein, das sich auch darum bemühte, die Macht der Zensur zu brechen, die ihm von institutioneller Seite her entgegenkam und ihn daran hinderte, zu werden, was er zu werden sich wünschte. Er verfüge aber über die entsprechende Gesinnung und einen guten Willen. Seine Situation verstand er ganz grundlegend als ein Streben nach dem Guten. Er bitte aber darum, dass im Falle eines Irrens seinerseits nicht gleich mit dem Finger auf diesen Brief gezeigt würde, um ihm die Diskrepanz zwischen Vorsatz und Leben vor Augen zu stellen. Er zeige damit aber sein Bestreben an. Um überhaupt wieder in Frieden erfolgreich studieren zu können, erbat er sich »ein paar freundliche Zeilen« seitens seines Hermannsburger Mentors. Ob des Ärgers sei der bisher in dem laufenden Semester zurückgelegte Teil geradezu »verloren« gewesen.

Es kam aber nicht zu einer dauerhaften Entspannung zwischen beiden. Schon ein Brief vom 1. Februar 1910 zeigt, wie sich die Situation wieder zugespitzt hatte. Lazarus forderte eine telegraphische Benachrichtigung seines Vaters über das Vorgefallene. Geschehe dies nicht, so fordere er, dies ihm auf Kosten seines Vaters zu ermöglichen. Wieder musste er zur gleichen Zeit um Tilgung von Schulden nachsuchen und befasste sich damit, irgendwo eine Beschäftigung zu finden. »Ich habe das Recht, dieses beides zu fordern und Sie haben die Pflicht, dem nachzukommen. Und tun Sie es nicht, so bitte ich, die Consequenzen zu ziehen. Ich meine, dass es selbstverständlich ist, dass ich eine umgehende Antwort von Ihnen erwarten kann. Oder sollten Sie hierfür keine Zeit haben?« Nun also konnte Lazarus, der ein Leben in völliger materieller Abhängigkeit zur Mission hatte führen müssen, den Forderungen der Mission eigene Forderungen entgegensetzen, indem er die Ansprüche der anderen Seite als Verpflichtungen nahm ihm gegenüber.

Der Konflikt zwang schließlich zum Abbruch des Studiums in Halle. In den Semesterferien wich Lazarus an die Universität Leipzig aus und sah sich von dort aus aufgrund eines Briefes, den er von seinem Vater erhalten hatte, genötigt, dringlich um eine sofortige persönliche Unterredung mit Röbbelen nachzusuchen (Brief vom 17. März 1910). Halle verließ er nun endgültig. Dem Ziel eines akademischen Studiums hingegen konnte er noch einmal für ein Semester treu bleiben: Er wechselte an die Universität Rostock, wo sich die Professoren Friedrich Hashagen (1841–1925) und Richard Heinrich Grützmacher (1876–1959) um ihn bemühten und von wo aus er im September 1910 sein erstes Examen antrat, dessen Examenskatechese er im August/September »über die 2. Bitte des Vaterunsers« verfasste (Röbbelen unterrichtete hierüber das ›Komitee für lutherische Evangelisationsarbeit in Persien‹ am 13. Juli 1910 mit dem Vermerk »Vertraulich!«).

Auch in Rostock befand er sich umgehend in finanziellen Nöten, hoffte auf Rückerstattung der Kolleggelder und auf Stipendien. Es gelang ihm, Professor Grützmacher dazu zu bewegen, sich für ihn bei der Gewährung eines Stipendiums zu verwenden (Brief vom 5. Mai 1910), doch blieb auch dessen Fürsprache für ihn erfolglos (Postkarte vom 14. Mai 1910). Erstaunlich war der Wechsel im Vorlesungsstoff. Nun dominierten theologische Themen. Er studierte bei bekannten Rostocker Professoren wie Hashagen, Grützmacher und dem Neutestamentler Alfred See-

berg (1863–1915). Ganz aber verzichtete er nicht auf seine orientalistischen Neigungen. Bei Ernst Sellin (1867–1946) hörte er
etwa eine Vorlesung über die arabische Literatur und Grammatik. Wieder musste er wiederholt um Geld aus Hermannsburg betteln, da der dortige Rechnungsführer ihm die von ihm
erwünschte Auszahlung verweigerte. Dann aber war es mit
dem Studium vorbei. Er wurde zum Abschluss des Sommersemesters 1910 von Rostock umgehend nach Hermannsburg beordert. Es gelang ihm jedoch, noch einen Zwischenaufenthalt in
Schwerin bei einem Landsmann einzulegen und erst im August
in der Heide einzutreffen (Brief vom 24. Juli 1910).

»So ist der Catechismusunterricht doch
eine recht harte Nuss für mich.«

Unter fremden Augen praktisches Wissen sich aneignen

»Wir leben die meiste Zeit unter dem Blick der Anderen, und dieser Blick
kann uns wegführen von uns selbst und hinein in ein entfremdetes Leben, das
nicht mehr durch unsere Bedürfnisse definiert wird, sondern durch Erwartungen der Anderen.«   Peter Bieri (30)

Von Hermannsburg aus wurde Lazarus nun weiter ins Vikariat
nach Freiburg im Breisgau geschickt. Wenn aber damit das Aus
für seine akademischen Ambitionen gekommen zu sein schien –
ihm gelang doch noch ein weiteres Mal deren Fortsetzung. An
der Freiburger Universität belegte er sofort wieder Vorlesungen.
Da war nun nicht mehr von Theologie die Rede. Am 27. Oktober 1910 berichtete er, dass er zwei Stunden syrische Lektüre und zwei Stunden arabische Lektüre belege. Zudem hatte
er erfogreich Professor Hermann Reckendorf (1863–1924) für
den Plan einer seinetwegen einzurichtenden Koranlektüre gewinnen können. Die Gelder hierfür musste er sich wieder in
Hermannsburg erbetteln (Brief vom 10. November 1910). Auch
bei Reckendorf war er in Händen eines herausragenden Orientalisten. Der Nöldekeschüler Salomon Reckendorf nannte sich
nach seiner Abwendung von der jüdischen Orthodoxie wie sein
Vater »Hermann« und legte seinen jüdischen Vornamen ab. Im
Bereich des Altäthiopischen promoviert, im Bereich des Aramäischen habilitiert, hernach mit Arbeiten zum Arabischen und
zum Islam hervorgetreten, war er fachlich wiederum jemand,
der Lazarus genau dort fördern konnte, wo dieser sich weitere
Förderung versprach.
    Bereits am 13. Juli 1910 hatte Karl Röbbelen den Mitgliedern
des Komitees für lutherische Evangelisationsarbeit in Persien
mitgeteilt, dass Lazarus Jaure nach dem Examen »noch eine

praktische Ausbildung erhalten« sollte. Röbbelen behagten die intellektuellen Neigungen seines Zöglings nicht und er hoffte, mit einer handfesten und praktischen Ausbildung gegensteuern zu können. Lazarus nun schätzte seinen Vikarsleiter sehr. Er sei, so in einem Brief vom 14. Dezember 1910, »der rechte Mann«, um ihn »in eine geordnete amtliche Tätigkeit an der Gemeinde einzuführen«. Am vierten Advent 1910 musste er dort in der Gemeinde erstmals »den ganzen Gottesdienst allein« abhalten. Angesichts des Vergleichs mit seinem Vikarsleiter machte ihm die Aussicht auf diesen Gottesdienst zu schaffen. »Bedenke ich nun einerseits die guten Predigten von Pfr. von Keussler, andererseits auch den im allgemeinen sehr hohen Bildungsgrad der Gemeinde und wohl auch ihre Fortgeschrittenheit in christlicher Erkenntnis, so fühle ich mich doch vor eine sehr schwere Aufgabe gestellt, wenn meine Predigten den entsprechenden Anforderungen genügen sollen. Indessen weiss ich, dass es nicht meine subjectiven Meinungen sind, die ich der Gemeinde vorzulegen habe, sondern objective Tatsachen, und darum bin ich nicht mutlos und werde, wie ich hoffe, mit Freuden die Kanzel besteigen.« Den größeren Teils seiner Arbeit verbrachte er mit der »Erteilung von Religionsunterricht: biblische Geschichte und Catechismus. Während naturgemäss die biblische Geschichte mir kaum Schwierigkeiten bereitet, so ist der Catechismusunterricht doch eine recht harte Nuss für mich. Wir nehmen den II. Artikel durch. Als die grösste Schwierigkeit erscheint mir hierbei, den Unterricht interessant zu gestalten. Und trotz aller Mühe und Arbeit will mir das noch nicht befriedigend gelingen. Doch darf ich hoffen, auch hier allmählich weiterzukommen.« Am 15. Januar 1911 schließlich wurde Lazarus Jaure dann in Freiburg in Gegenwart der Pfarrer Maurer aus dem Elsass und John aus Stuttgart als Zeugen ordiniert. »Mache mich Gott würdig und fähig, einer deiner Wegbereiter zu werden«, erbat sich der Ordinand laut Ordinationsurkunde.

Was Lazarus Jaure allenfalls erahnte: Wo immer er sich aufhielt, erkundigte sich Röbbelen über Mittelsmänner zu ihm. Das mag auch in einem Verantwortungsgefühl für den ihm anvertrauten jungen Mann begründet gewesen sein, mehr aber noch in seinem Pflichtgefühl gegenüber der Mission und dem Erreichen des angestrebten Zieles der Ausbildung. Ein Auszug aus dem Brief von Röbbelen an Pfarrer Keussler vom 13. Januar 1911 kann als Paradebeispiel dienen für die Situationen, in die sowohl Röbbelen als auch Lazarus Jaure so gerieten. Keussler hatte Bedenken getragen gegen die Intellektualität des jungen Mannes. Röbbelen schrieb daraufhin: »Deine Zuschriften waren mir der Charakteristik unseres Lazarus sehr wertvoll. Du hast scharf beobachtet und ihn wohl nach allen Seiten hin richtig beurteilt. Seine Fehler sind die seiner Nation. Diese Orientalen, besonders wohl die von semitischer Herkunft, haben eine Abneigung gegen körperliche Tätigkeit; es scheint, daß man diese im Orient gering schätzt, oder daß man körperliche Untätigkeit für Würde hält. Der Sinn für die Natur scheint dem Orientalen auch abzugehen, oder er ist ganz anders geartet als der unsrige, was damit zusammenhängt, daß ihnen das nicht in der Weise eignet, was wir Gemüt nennen. Der Orientale ist bei aller Phantasie doch vorwiegend nüchterner Verstandesmensch u[nd] zeichnet sich durch berechnende Klugheit aus. In Persien ist das Schachspiel erfunden, die Araber haben die Mathematik gefördert, Mohammed war ein schlauer Diplomat. Nun ist der Orientale religiös angelegt, aber die Religion ist für ihn besonders Sache des Wissens, der Überzeugung, des Interesses, beliebter Gegenstand der Diskussion. Sie beherrscht viel weniger das sittliche Leben, als wir dies gewohnt sind zu verlangen. Zum Teil mag es uns auch nur so scheinen, als ob die Religion weniger sittlichen Einfluß bei ihnen hat, weil das morgenländische Sittlichkeitsideal etwas anders geartet ist als das abendländische. Aber jedenfalls hast Du in Deinem Urteil über Lazarus Recht: sein religiöses u[nd] sittliches Leben bedarf der Vertiefung. Sein Christentum muß mehr wurzelhaft werden. Doch ist er auf dem Wege der Selbsterkenntnis u[nd] Selbstprüfung weiter gekommen, u[nd] ich hoffe, daß er nicht stehen bleibt. Er ist im Werden, u[nd] man muß bedenken, daß er jetzt besonders mit seiner wissenschaftlichen u[nd] praktischen Ausbildung zu tun hat u[nd] auch deshalb nun alle Probleme mehr verstandesgemäß u[nd] unter dem Gesichtspunkt der Betrachtung u[nd] Prüfung bewegt und herumwälzt.«

Röbbelen rezipiert hier klassische Stereotype, die im Orientbild der Deutschen eine Rolle spielten. Er nutzt dies, um dem von Bedenken gezeichneten Keussler ein Verstehen des Verhaltens des Lazarus zu ermöglichen. Dabei aber schreibt er vermeintliche persönliche Eigenschaften fest als zum Orient gehörend und scheut dabei auch nicht vor einem unterschwelligen Antisemitismus zurück, und natürlich nicht vor der Herabsetzung orientalischer Religion. Das Anmaßende solcher Erklärungsversuche, die vorgeben, Beweggründe und Eigenheiten eines anderen Menschen plausibel machen zu können, wurde den Betroffenen nicht bewusst. Als könne man sozusagen aus der Mitte des Anderen her argumentieren, um ihn und seine Gefühle, sein Verhalten, seine Andersartigkeit verständlich zu machen. »Kann man das? Wissen, wie es ist, ein anderer zu sein? Ohne der andere zu sein?« (Pascal Mercier, 119). Zweifel sind mehr als angebracht. Diese Grundschranke zwischen Mensch und Mensch außer Acht lassend, um dem zu entsprechen, was notwendig war, damit die Ausbildung weiter voranschritt, die der Mission einen für sie einsetzbaren Mitarbeiter verhieß, verriet Röbbelen das von Lazarus in ihn gesetzte Vertrauen nachhaltig, um sich sozusagen auf die Seite Keusslers stellen zu können. Für Lazarus blieb da nur die Anerkennung von dessen Bestreben zur Selbstvervollkommnung, um Selbsterkenntnis und Selbstprüfung.

Am 27. März 1911 gab das Komitee seinen Beschluss bekannt, Lazarus Jaure – womöglich aufgrund seiner von ihm selbst beobachteten Mängel im katechetischen Bereich – »eine weitere praktische Ausbildung für seinen künftigen Beruf zu ermöglichen«. Seit dem 9. März 1911 nahm er »an dem Unterricht und den Übungen der älteren Zöglinge des Lehrerseminars in Lüneburg teil« (ebd.). Neben einer Reihe von Briefen aus dieser Zeit bezeugt das Zeugnis der Königlichen Seminardirektion zu Lüneburg vom 6. Juni 1911 den erfolgreichen Abschluss des pädagogischen Seminarkurses für Kandidaten des evangelischen Predigtamtes. Ausdrücklich wird Lazarus ein »reges Interesse« an den wöchentlich zweimal zusammentretenden Konferenzen bescheinigt, bei denen es um die Wahrnehmungen beim Seminarbesuch und den Lehrverfahren in den Unterrichtsfächern ging, aber auch um die »Grundsätze der Schulzucht«. Die Lehrproben wurden mit »im ganzen gut« beurteilt. Von Lüneburg aus ging es zur Vertiefung der erlernten Pädagogik als Lehrer an die Anstalt Hünenburg in der Gemeinde Hoyel (so berichtet Röbbelen am 2. November 1911).

Charakteristisch ist für Lazarus wohl, dass es ihm während seiner pädagogischen Ausbildung in Hünenburg »eine grosse Unannehmlichkeit« war, dort keine Bücher zu bekommen (Brief vom 12. Juli 1911). Dabei suchte er durchaus nicht begleitende pädagogische Literatur. Offenbar war er von der Arbeit dort geistig unterfordert. Er hielt auch in dieser Phase an seinen akademischen Zielen fest. »Da mir neben meinen theologischen und Koranstudien noch genügende Zeit überbleibt – besonders in den Sommerferien, so suchte ich mir noch eine andere geeignete Beschäftigung. Da dachte ich an Ihren Assemani, mit dem ich mich schon immer einmal gerne beschäftigt hätte. Darum möchte ich mir die Freiheit nehmen und Ihnen die vielversprechende Bitte vorlegen, ob Sie ihn mir vielleicht für einige Zeit freundlichst zuschicken wollten. Ich wäre Ihnen dafür sehr dankbar. Ich weiss wohl, welche unbequemliche Schwierigkeiten Ihnen die Übersendung machen würde; aber ich wagte trotzdem die Bitte. Ein syrisches und lateinisches Lexicon werde ich mir schon auf andere Weise zu verschaffen wissen.« Die Bitte erlaubt den Rückschluss, dass Röbbelen seine Kenntnisse, die er den syrischen Studierenden zu den Syrern zu vermitteln suchte, aus einem bis heute als Standardwerk anerkannten Opus bezog. Über Jahrhunderte bestimmte Assemannis Quellensammlung zum syrischen Christentum das Bild der syrischsprachigen Kirchen des Orients. Heute erst ist der Schaden der romzentrierten und katholisierenden Sicht des in Rom wirkenden Wissenschaftlers unübersehbar geworden und wird mühsam korrigiert. Auch Röbbelens historische Ausführungen in seinen Werken zu den Syrern – genannt seien *Die asiatische Welt und die lutherische Kirche* (Hermannsburg 1906), *Die ›Kirche des Ostens‹ in alter und neuer Zeit* (Hermannsburg 1916) und *Die christliche Kirche in Persien und ihre merkwürdigen Schick-*

sale (Hermannsburg 1916) – dürften wichtige Informationen aus Assemanis *Bibliotheca Orientalis* in sich aufgenommen haben. Der Schüler nun schickte sich an, aus dem gleichen Brunnen zu trinken wie sein Lehrer, nur eben selbstständig und in eigenständiger Lektüre.

Ganz unschuldig am orientalistischen Interesse seines Zöglings war Röbbelen also nicht. Er war schon von Anfang an, noch als Lazarus sich als Knabe im Würtembergischen aufhielt, auf die Übersetzungen angewiesen, die ihm Lazarus Jaure – wie oben beschrieben – zu den Briefen seines Vaters, Jaure Abraham, anfertigen musste. Syrisch scheint Röbbelen nie erlernt zu haben. Regelmäßig ließ er Lazarus aber die syrische Zeitschrift *Kochba* mit Nachrichten aus der Urmia-Region zukommen. Seit den Studienzeiten in Rostock haben sich dazu Briefe und sehr lange Exzerpte des Lazarus Jaure an Röbbelen erhalten (5. Mai 1910; 19. November 1910; 19. März 1911; 30. März 1911; 28. August 1911), und natürlich blieb Röbbelen auch hier auf die Übersetzungen seines Schülers angewiesen. Zu Weihnachten 1910 hatte Röbbelen seinem Zögling dann ein besonderes Geschenk gemacht. »Besondere Freude hat mir die Geschichte der christlichen Literaturen des Orients von Brockelmann etc. bereitet. Schon immer hatte ich danach getrachtet, mir dieses Buch zu erwerben. In der letzten Zeit hatte ich es mir aus der Universitätsbibliothek entliehen. Besonders der Teil über die syrische Literatur von Brockelmann ist eine ausgezeichnete Zusammenstellung alles Wesentlichen auf diesem Gebiete. Das Buch ist von bleibendem Werte für mich.« (Brief vom 2. Januar 1911 aus Freiburg).

Schließlich respektierte Röbbelen die von Lazarus Jaure erworbenen Kenntnisse und bat ihn um Rat bei einschlägigen Arbeitsvorhaben der Hermannsburger. Der schon erwähnte Johannes Pascha hatte ein Lexikon angefertigt, dessen mögliche Drucklegung nun in Hermannsburg mit den syrischen Mitarbeitern diskutiert wurde. Lazarus Jaure erwies sich in seiner Stellungnahme hierzu am 31. Juli 1909 bereits als deutlich an den kritischen Maßstäben der westlichen Orientalistik geschulter Mann: »Wenn Pastor Johannes Pascha ein syrisch-englisches Lexicon geschrieben hat, so halte ich das für vollständig verfehlt. Ausserdem ist es ziemlich ausgeschlossen, dass ein Verleger für dieses Lexicon gefunden werde. Denn das Lexicon Macleans ist ebenso syrisch-englisch und so vortrefflich, dass es jedes andere entbehrlich macht. Es ist natürlich auf wissenschaftlicher Grundlage aufgebaut und gibt immer Verweise auf die Etymologie und zitiert die Stellen in der Literatur, wo das Wort vorkommt; dagegen wird das Lexicon von Pascha nur zum praktischen Gebrauch sein und wird nicht von den Gelehrten verwendet werden können. Höchstens könnte es von Syrern gekauft werden, die englisch lernen wollen. Doch glaube ich weniger, dass die Syrer aus einem Lexicon englisch lernen wollen, sie lernen es lieber durch Umgang in England und Amerika.«

Insgesamt fügte sich Lazarus äußerlich in die unausweichliche Ordnung der praktischen Zusatzausbildungen, aber innerlich folgte er nun ganz selbständig seinen eigenen Anliegen. Wenn auch sein Vikariatsleiter Zweifel an seiner Eignung fürs geistliche Amt äußerte – und Lazarus wird ihm teilweise zugestimmt haben –, so hatte Lazarus doch zugleich keine andere Wahl, als den einmal eingeschlagenen Weg weiterzugehen. Zugleich wuchs aber seine innere Gegenwelt mit seinem Interesse an jener Kultur, die er als Kind hatte verlassen müssen und die er doch als seine eigene verstand.

»Jede Stunde ist direct umwälzend.«

Zurück in der Wissenschaft am Hamburger Kolonialinstitut

»Man vergegenwärtigt sich, welche blinden Prägungen man erfahren hat, lernt darüber nachzudenken und zu diskutieren, läßt das verborgene Menschenbild und Selbstbild zu Bewußtsein kommen und entschließt sich am Ende angesichts wahrgenommener und verstandener Alternativen zu einer eigenen Stimme auch in diesen Dingen: Ich weiß – sage ich dann –, daß man das unterschiedlich sehen kann, aber was mich persönlich betrifft, so verstehe ich das und nicht etwas anderes unter einem Leben, in dem es Würde und Freiheit gibt. Wenn ich soweit bin, habe ich mir eine eigene kulturelle Identität erarbeitet, ganz gleich, auf welchem Kontinent ich lebe.«
Peter Bieri (74)

In der anschließenden Zeit am Kolonialinstitut in Hamburg konnte Lazarus wieder seinen orientalistischen Neigungen frönen. Begeistert war er besonders vom Islamwissenschaftler Carl Heinrich Becker (1876–1933), der später eine der herausragenden Gestalten in den Kontroversen um Islam und Heiligem Krieg werden sollte. Lzaraus Jaure berichtet in einem Brief vom 1. November 1911 aus Altona: »Die Kunde über den Islam, besonders über seinen gegenwärtigen Stand, floriert hier wohl wie nirgends. Zwar ist ja Professor Becker, ein junger eleganter gentleman, in seiner Stellung zum Christentum liberal, was besonders in der Bewertung des Islam und des Christentums in ihrem Verhältnis zu einander stark hervortritt, aber seine erhabene Beherrschung der gesamten mohammedanischen Welt sowohl in ihrem Werden als auch hauptsächlich ihrer jetzigen Lage muss immer wieder in hohem Grade Erstaunen erregen. Er ist weniger ein Stubengelehrter, steht vielmehr mitten im Leben, auch im Leben des Islam. Ich habe erst 3 Stunden bei ihm gehabt. Aber jede Stunde ist direct umwälzend. Er räumt auf mit einem grossen Teil der überlieferten Ansichten über Geschichte und Wesen des Islam und eröffnet ganz neue Bahnen zum Verständnis desselben. Bei ihm höre ich: Islamkunde mit Islamrecht, Islampolitik der europäischen Mächte, Syrisch. Bei einem anderen Docenten nehme ich einen arabischen Cursus mit.« Becker, der später preußischer Kultusminister wurde, als Reformer des Hochschulwesens und Mitbegründer der modernen Orientalistik wirkte, war nach Forschungsreisen im Vorderen Orient und seiner 1902 fertiggestellten Habilitationsschrift »Beiträge zur Geschichte Ägyptens unter dem Islam« 1908 auf den Lehrstuhl für Geschichte und Kultur des Vorderen Orients am Hamburger Kolonialinstitut berufen worden. In seine Forschungen zum Islam und zum Orient bezog er sprach- und religionswissenschaftliche, historische und soziologische Aspekte mit ein. Hier lehrte einmal einer nicht im Schatten der Theologen, sondern trat für moderne Methoden ein. An die Stelle der Theologie trat die Religionswissenschaft. Der Blick wurde ein anderer. Die textgebundene Forschung wurde geweitet um die Sicht bis auf die Gegenwart.

Obwohl Lazarus schon bei anderen bedeutenden Orientalisten studiert hatte, veränderte die Begegnung mit Becker sein Weltbild fundamental. Schon die vorangehenden Stationen seines Ausbildungsweges dürften ihn für einen solchen Wechsel auch der eigenen Sichtweise vorbereitet haben, doch erst jetzt schlug dies für ihn persönlich durch. Jetzt setzte noch einmal ein Prozess der Wandlung eigener Sichtweisen ein. Bislang hatte Lazarus sich um die Vermehrung seines Wissens bemüht. Die Grenzen der engen Welt des religiös-erwecklichen Milieus und des ihr eigenen frommen Wissens schmerzten ihn erkennbar. An ihr rieb er sich, obwohl er ihr schutzlos ausgeliefert war und leben musste ohne ein persönliches und ihm gewogenes menschliches Umfeld, in dem er sich hätte geborgen fühlen können. Aber so sehr auch die akademische Welt seinen Horizont erweiterte, innerlich mitvollzogen hatte er ihre Bewegung noch nicht. Dazu waren die ihm vermittelten Kenntnisse zu theoretisch und historisch gewesen. »Ich kann in einem kulturellen Raum viel über Selbstbestimmung, Würde und moralische Erfahrung hören und lesen; wenn das nicht dazu führt, daß sich das Verständnis und die Erfahrung dieser Dinge auch in mir selbst spürbar verändern, bin ich trotz reicher Kenntnisse noch nicht bei einem Bildungsprozeß angekommen« (Peter Bieri, 82). In letzter Minute, kurz vor seiner Rückkreise in den Iran, zog in Lazarus Jaure modernes wissenschaftliches Arbeiten ein, das die überkommenen exegetischen und dogmatischen Sichtweisen zurückdrängte. Nun war er begeistert, teilte enthusiastisch den von Becker personifizierten Ansatz, der Theorie und Praxis zusammenführte, einen Ansatz abseits der dogmatischen Frontlinien, ja, eine die Konfrontationslinien zwischen Christentum und Islam übersteigende Sichtweise, in der deutlich die Zugehörigkeit von Christentum, Judentum und Islam zu einem gemeinsamen Kulturkreis bedacht wurde. Von der die Religion des Anderen herabsetzenden Sichtweise der Hermannsburger – für den die Mission prägenden Theodor Harms war der Islam schlicht das Bollwerk des Satans gewesen – wandte er sich jetzt einer am Islam interessierten Haltung zu. Lazarus mag in der Bejahung der orientalischen Kultur wohl auch die Bejahung seiner eigenen Kultur mitempfunden haben, zumal Becker ihn auch in Syrisch unterrichtete. Ein deutscher Professor unterrichtet einen Syrer in dessen Sprache – das muss ein für beide eigentümliches Unternehmen gewesen sein und dürfte nicht nur dem Schüler neue Einsichten vermittelt haben. Fortan war der Blick des Lazarus Jaure geöffnet, war er in vielfältiger Weise wach seinen Mitmenschen gegenüber und ließ sich nur ungern noch die eigene Sicht auf andere Menschen durch religiöse Vorurteile verbauen. Jetzt war er nicht mehr nur ein stets um die Zuwendung und Zuneigung anerkannter Wissenschaftler ringender internationaler Studierender, der sich überall als in abhängigen Verhältnissen gefangen erfuhr. In seinem Streben um Kenntnisse im Bereich der Orientalistik war es immer schon angelegt gewesen, aber doch nie durchgebrochen und nie eins geworden mit seinem Selbstgefühl. Mit Beckers Sicht hingegen konnte er sich verbinden. »Um nicht von Tag zu Tag in die Zukunft hineinzustolpern, sondern die Zukunft als etwas zu erleben, dem wir mit einem selbstbestimmten Entwurf begegnen, brauchen wir ein Bild von dem, was wir sind und was wir werden wollen – ein Bild, das in einem stimmigen Zusammenhang mit der Vergangenheit stehen muß, wie wir sie uns erzählen« (ebd., 23). Das Gefühl, nun umstürzenden Sichtweisen begegnet zu sein, löste weitere Aktivitäten des sich nun nur noch auf Abruf in Deutschland aufhaltenden Lazarus aus.

Gegen Ende seiner Ausbildungszeit musste sich Lazarus Jaure auf eine veränderte Berufsperspektive einstellen. Statt ihn, wie vorgesehen, zum Dienst unter seinen Landsleuten in der Kirche des Ostens in Persien abzuordnen, hatte das Komitee nun endgültig ganz andere Pläne mit dem begabten Zögling: Er sollte als Missionar unter Muslimen im kurdischen Mahabad wirken. Da fanden die Interessen des Syrers und die seiner Förderer wenigstens für kurze Zeit zueinander. Mahabad galt als die Hauptstadt des persischen Kurdistans, und Lazarus Jaure beschäftigte sich nun folgerichtig mit der wissenschaftlichen Vorbereitung auf sein Wirken unter den Kurden. Er sah sich nach Literatur über die Kurden um und fand – wie er am 20. Januar 2012 aus Hamburg-Horn schrieb – »manch recht brauchbares«. »Ein Oskar Mann, der sich auf seiner Persienreise von 1901–1903 auch längere Zeit in Sawuj-bulaq [= Mahabad] aufgehalten hat, gerade zum Zweck der Erforschung der kurdischen Dialekte, hat schon 1906 eine kurdische Grammatik mit noch anderem veröffentlicht. Aber ausserdem ist noch manches andere zu haben, auch kleine Wörterverzeichnisse.« Lazarus Jaures Interesse entsprach es jetzt natürlich, sich mit solcher Literatur auszustatten. »Es wäre nun ganz gut, derartiges mitzunehmen.« Mittlerweile hatte er begriffen, dass die Bereitschaft, seine akademischen Interessen zu unterstützen, nur gering ausgeprägt war. Er hatte daher sogleich eine Idee parat, wie die Finanzen dafür zu beschaffen wären: »Sie haben nämlich das Manuskript, enthaltend syrische Sprichwörter. Ich könnte es auszugsweise mit einer Uebersetzung versehen und dann irgend einer orientalischen Zeitschrift zur Veröffentlichung geben. Ich glaube, dass man's gerne nehmen würde, so z.B. die Zeitschr.[ift] der deutsch.[en] morgenl.[ändischen] Gesellschaft. Und für das Honorar müsste kurdische Literatur angeschafft werden. Oder meinen Sie, dass das nicht ginge?« Eine Übersetzung des Textes hat sich zwar nicht erhalten, aber das von dem ebenfalls mit Hermannsburg verbundenen Priester Johannes Pascha (1862–1911), einem eifrigen Handschriftenschreiber, verfertigte Manuskript befindet sich heute in der Bibliothek des Preußischen Kulturbesitzes in Berlin. Irgendwer aus Hermannsburg oder Johannes Pascha selbst müssen es dorthin befördert haben.

Mit der geplanten Ausreise nach Persien endete äußerlich die Möglichkeit für Lazarus Jaure, an einer Universität oder Hochschule dem deutschen akademischen Leben verbunden zu sein. Innerlich blieb er es aber zeit seines Lebens.

»Der Bruder Lazarus Jaure hat den Auftrag erhalten,
bald nach Ostern sich nach Sautschbulak zu begeben.«

Vorbereitung der Entsendung in die Mission

»Der Nächste, der ganz andere, in dem man sich selbst auch erfährt, nicht der
sein wollen, der man ist, sondern der sein, der man sein könnte, der sich in
den Augen des anderen spiegelt, größer, reicher, nicht festgelegt wie bisher,
sondern auf zukünftiges Gelingen angelegt.« Uwe Timm (*Der Freund und
der Fremde*, München, 2. Auflage 2011, 171.)

Die Evangelisationsarbeit unter den Angehörigen der Kirche
des Ostens in Persien hatte die Hermannsburger schon von An-
beginn an mit den Kurden befasst sein lassen. Die »kurdischen
Raubzüge« verheerten immer wieder das Siedlungsgebiet der
christlichen Ostsyrer. Die lutherisch gesinnten Priester um Pera
Johannes und Jaure Abraham hatten sich neben der Reformie-
rung der Kirche des Ostens zum Ziel gesetzt, »daß die syrische
Kirche wieder eine missionierende Kirche in Persien werde« (so
Röbbelen am 23. November 1909 in seiner Mitteilung »Die lutherische Evangelisationsarbeit in Persien«), und beriefen sich dabei auf die Tradition ihrer Kirche. »Unsere Väter haben mehrere
Jahrhunderte hindurch mit der Wahrheit und Liebe des Herrn
Jesum Christum sowohl im Heidentum als im Mohammedanismus verkündigt.« (Ebd.) Dieses Anliegen der »lutherischen
Nestorianer« wurde seitens der Hermannsburger Zentrale verstanden und als ein Teil der von Deutschland aus festgelegten
Missionsstrategie aufgenommen. »Die Schäden, die wir in den
alten Kirchen des Ostens und ihren Gliedern wahrnehmen, sind
zum Teil verursacht durch die mohammedanische Herrschaft,
unter der die orientalischen Christen stehen; – andererseits ist
der Zustand der dortigen Kirchen ein Hindernis für die Ausbreitung des Christentums unter den Mohammedanern. Indem
wir für lautere Verkündigung des Evangeliums in den nesto-

rianischen Gemeinden sorgen, wirken wir dem schädlichen Einfluß des Mohammedanismus entgegen und helfen dazu, daß jene Gemeinde, oder doch etliche ihrer Glieder, ein Licht für ihre Umgebung, die christliche und mohammedanische, werden können.« (Ebd., zweite These einer sechsteiligen Thesenreihe, die Röbbelen auf einer gesonderten Sitzung im Anschluss an die 12. Tagung der Allgemeinen evangelisch-lutherischen Konferenz 15.–17. September 1909 vorgelegt hat).

Röbbelen, Vorsitzender des Evangelisationskomitees und treibende Kraft der Hermannsburger Arbeit in Persien, ordnete die Evangelisationsanstrengungen in den wahrzunehmenden weltgeschichtlichen Umbruch im Bereich der islamischen Völker ein. »Die Bewegungen, die jetzt durch die islamitischen Völker hindurchgehen, sagen der Christenheit, daß sie ihr Augenmerk auf die Länder des mohammedanischen Herrschaftsgebietes richten und jede Gelegenheit, das Evangelium der mohammedanischen Welt nahezubringen, ernstlich wahrnehmen soll. Als ein Mittel zu diesem Zweck ist auch das lutherische Evangelisationswerk in Persien anzusehen.« (Ebd.) Als es im Osmanischen Reich 1909 wiederholt zu grausamen Verfolgungen der armenischen Christen kam, diente dies Röbbelen dazu, die Hermannsburger Arbeit in Persien seinen Lesern und den Mitgliedern des Evangelisationskomitees umso dringlicher zu machen. »Wann wird die Zeit kommen da solche Ausbrüche des mohammedanischen Fanatismus nicht mehr möglich sind? Erst dann, wenn das Licht des Evangeliums diese Finsternis erleuchtet hat.« (»Persien«, 19./20. November 1909. Röbbelen beruft sich hier übrigens auf die Darstellung der Armenienmassaker des Jahres 1909 durch Paul Rohrbach.)

In seinem »Bericht über die Visitation in Persien« vom 27. Januar 1910 (10. Circular, 28. Juli 1910) kam Pfarrer Karl Maurer 1910 dann zu dem Schluss: »Unsere Arbeit darf nicht in Urmia oder seiner näheren Umgebung stehen bleiben«, zumal die Erneuerung der gesamten Kirche des Ostens aus lutherischem Geist eine Illusion sei. »Das Richtige und für den Dienst des Herrn Aussichtsreichste scheint mir zu sein, wenn wir die bisherige kleine und stille Evangelisationsarbeit unter den Syrern nur als Vorarbeit ansehen zur Gewinnung einer Basis für eine Mission unter den Mohammedanern.« Die Hermannsburger beschlossen dann 1910 in Absprache mit den amerikanischen Presbyterianern auf der Weltkonferenz in Edinburgh, die von der Deutschen Orientmission aufgegebenen Missionsstationen im kurdischen Sautschbulak (Mahabad) zu übernehmen, der ein deutscher lutherischer Theologe vorstehen und in der syrische lutherische Theologen mitarbeiten sollten (Röbbelen, »An das Komitee für lutherische Evangelisationsarbeit in Persien«, 13. Juli 1910; bei den Circularen, gedruckt mit dem Zusatz »Vertraulich!«).

Für die syrischen lutherischen Theologen wurde zunächst Luther Pera (1892–1943), der Sohn des führenden lutherischen Nestorianers Pera Johannes, in Aussicht genommen. Bereits im September 1910 erschien ein erster »Aufruf« des Komitees mit der Bitte um neue finanzielle Mittel für die Einrichtung der Missionsstation, »wo wir ungehindert auch den Mohammedanern das Evangelium bringen könnten«. Im Oktober folgte ein »Aufruf an lutherische Pastoren und Kandidaten« – gedacht wurde dabei speziell »an die bekenntnistreuen jüngeren lutherischen Theologen Deutschlands« – mit der Anfrage, »ob unter ihnen ein Mann vorhanden ist, der als Missionar nach Nordpersien gehen kann und will« (zugleich 15. Circular vom 28. Oktober 1910). Im Frühjahr 1911 musste Röbbelen sich und den an einer lutherischen Kurdenmission interessierten Kreisen eingestehen: »den deutschen Missionar, den wir dazu nötig haben, konnten wir bis jetzt noch nicht finden« (»Persien«, 2. Februar 1911, 19. Circular vom 8. Februar 1911). Stattdessen waren inzwischen die amerikanischen und norwegischen Lutheraner zur Tat geschritten und hatten, bei gleichzeitiger Kontaktnahme mit Hermannsburg, ihre Arbeit unter den Kurden begonnen (vgl. Richter, Mission, 208f.). Luther Pera schied ebenfalls für eine Arbeit dort aus, nachdem er dem Wunsch seines Bischofs entsprochen hatte und in Urmia als Priester für die Kirche des Ostens tätig geworden war.

Am 2. November 1911 endlich konnten die Leser der Circulare des Komitees lesen: »Zu Ostern 1912 wird, so Gott will, auch

der Kandidat Lazarus Jaure nach Persien zurückkehren« (Röbbelen, »Persien«). Unvermindert suchte das Komitee weiter
nach einem deutschen Missionar für die Arbeit im kurdischen
Sautschbulak. In dieser Lage kam dann der leitende Ausschuss
des Komitees in einer Sitzung in Hamburg am 12. Februar 1912
zu dem Beschluss, »den Kandidaten Lazarus Jaure nach Persien
auszusenden«. Aufgrund der vergeblichen Suche nach einem
deutschen Missionar wurde ihm nun die Arbeit auf der neuen
Missionsstation angetragen. »Er soll aber nicht wie unsere andern syrischen Brüder unter den Nestorianern der Urmiaebene
arbeiten, sondern nach Sautschbulak gehen, wo schon unsere
amerikanischen Brüder sich niedergelassen haben, um einen
Anfang mit der von ihnen und uns gemeinsam geplanten lutherischen Kurdenmission zu machen.« Dabei wurde Lazarus
Jaure seitens des Ausschusses ein vorläufiger Arbeitsauftrag zugedacht. »Der Bruder Lazarus Jaure hat den Auftrag erhalten,
bald nach Ostern sich nach Sautschbulak zu begeben, dort sich
an die beiden amerikanischen Missionare anzuschließen, die
kurdische und türkische Sprache zu erlernen, sich mit den Verhältnissen bekannt zu machen, uns genaue Berichte zu erstatten
und sich für eine künftige Tätigkeit im Dienst der lutherischen
Kurdenmission mit allem Fleiß vorzubereiten.«

Am Vorabend seiner Abreise aus Deutschland am 26. Februar 1912 fand die Abordnung in der »ganz gefüllten« Missi-
onshalle in Hermannsburg statt, bei der Lazarus Jaure selbst
der Versammlung die Schriftstelle 1. Korinther 1,23–24 auslegte.
»Als seine Aufgabe bezeichnete er dies, Jesum Christum, den
Gekreuzigten, zu predigen, und legte dar, daß die Christenheit
diese Predigt auch den Mohammedanern schulde, und in welcher Weise dieses Zeugnis von dem Gekreuzigten auch den
Kurden in Sautschbulakh gebracht werden müsse.« (Karl Röbbelen, Persien, ohne Ort und Datum, bei den Circularen.) Seinen
Lesern schilderte Röbbelen sodann den eigentlichen Abord-
nungsakt. »Nachdem wir dann gesungen hatten: ›Mein Schöp-
fer steh mir bei‹, wurde der auszusendende Bruder, wie es bei
uns Sitte ist, abgeordnet. Es wurde an ihn die Frage gerichtet:
›Bist du willens, den Dienst am Werk der Mission, zu dem du

nun ausgesandt werden sollst, gemäß der evangelischen und apostolischen Lehre, wie sie in der Heiligen Schrift uns geoffenbaret und in dem Bekenntnis der lutherischen Kirche bezeugt ist, zu führen und auszurichten, dich dabei an die Ordnungen unserer Hermannsburger Mission zu halten und all dein Tun und deinen Wandel dahin zu richten, daß dadurch der Name des dreieinigen Gottes verherrlicht und unsers Herrn Christi Reich erbaut werden?‹ Er antwortete: ›Ja, wozu mir Gott helfe!‹ Dann wurde die Abordnung ausgesprochen mit den Worten: ›So sei dir nun im Namen der Kirche Christi und ihres erhöhten Hauptes übertragen das Amt und der Dienst, am Bau und an der Ausbreitung des Reiches Gottes auf dem Erntefeld des Herrn in dieser Welt zu arbeiten, solange der Herr will und Gnade dazu gibt! – Der Herr segne dich aus der Höhe, daß du viel und reiche Frucht schaffest, die da bleibe in das ewige Leben!‹ Dann knieten wir alle nieder und baten den Herrn um Seinen Segen für unsern Bruder und sein Werk, worauf die ganze Versammlung laut einstimmte in das Gebet des Vaterunsers.«

Ab sofort wurden alle Schritte des Lazarus Jaure von den Hermannsburgern mit angespanntem Interesse verfolgt. Man befrachtete den jungen syrischen Theologen dabei mit einer erheblichen Erwartungshaltung. Diese Erwartungen einerseits und der zu selbstbestimmtem Handeln andererseits neigende Lazarus waren von vornherein Konstanten für das weitere Geschehen, die zu Spannungen und Problemen führen mussten. Lazarus hatte es geschafft, was immer die institutionellen Notwendigkeiten und Regeln waren, sich Freiräume zu erkämpfen, in denen er sich nicht von den Erwartungen seiner deutschen Ausbilder bestimmen ließ, sondern auf dem schmalen Grat zwischen notwendigen Zugeständnissen und der Bewahrung und Realisierung seiner Wünsche wandelte. Dass er da gar zu leichten Manipulationen greifen musste, wenn sonst nichts und niemand da gewesen wäre, der ihm seinen Weg ermöglicht hätte, war dem Ziel und Zweck geschuldet. Und Lazarus wusste bereits, dass dieses Ziel zuletzt immer im Unklaren blieb und sich nur mit vagen Formeln wie einem Dienst an seinem Volk beschreiben ließ. Aber mehr gab er auch nicht vor zu wollen. Die ihm aufgebürdeten Versprechen aus dem Kontext der Mission hingegen waren innerlich kaum verbindlich für ihn. So willfuhr er dem, was äußerlich ihm abverlangt wurde, blieb innerlich aber seiner Berufung, für seine Heimat etwas Dienliches und Förderliches einbringen zu wollen, treu.

Dieser weise Umgang mit dem eigenen Werden war den deutschen Partnern in ihrer Auseinandersetzung mit ihm nur bedingt gegeben. Glaubt man Erkenntnissen aus dem Bereich der Psychologie, so gründet dieses von Schlacken gekennzeichnete, den anderen oft verfehlende Verhalten in der Generationen übergreifenden Fehlhaltung und Vererbung menschlichen Verfehlens. »Gesellschaftlich gesehen hat die Wunde der Ungeliebten mit den faulen Verneinungen zu tun, die ein Mensch in träger Unterweisung unter die Spielregeln von Familie, Nation, Kultur und Religion annimmt: mit dem Nein zu jenen Spielarten des Menschlichen, die von der Gesellschaft nicht angenommen sind. Die Unterwerfungszwänge gibt er an seine Kinder weiter, die zuerst leiden, dann schweigen und schließlich wie ihre Eltern andere leiden machen.« (Peter Schellenbaum, 15f.) Unterwerfen musste sich Lazarus immer wieder, aber zäh leistete er Widerstand und suchte nach Lösungen, die ihm Würde und Selbstbestimmtheit hätten erhalten können. Die Mission glaubte ihn gezähmt. Aber war er es?

»Ich habe es selber auf der Reise erfahren.«

Rückkehr nach Iran und Westprägung

»Und es gibt Dinge in uns, die wir nur dadurch wieder finden können, daß wir dorthin zurückkehren. Wir fahren an uns heran, reisen zu uns selbst, wenn uns das monotone Klopfen der Räder einem Ort entgegenträgt, wo wir eine Wegstrecke unseres Lebens zurückgelegt haben, wie kurz sie auch gewesen sein mag.« Pascal Mercier (285)

»Fremde Länder waren nötig, um mich in meinen Grundfesten zu erschüttern. Man wird umgepflanzt, wächst, wird wieder ausgegraben und zurückgebracht an den alten Platz, und auf einmal ist dieser Platz gar nicht mehr vorhanden. Man findet keinen Anschluß mehr. Ich denke auch, daß man zurückkehrt zu dem, was man von Natur aus ist, und das ist ja auch etwas Verdienstvolles.« Ezra Pound (in: Brooks van Wyck, *Wie sie schreiben. Elf Gespräche mit Autoren der Gegenwart*, München 1969, 44.)

Seit er als Junge nach Deutschland gekommen war, hatte Lazarus Jaure seine Heimat nicht wiedergesehen. Selbst bei Erwachsenen dürfte eine fast elfjährige Abwesenheit dazu führen, dass sie die Heimat bei ihrer Rückkehr stark verwandelt vorfinden. Wieviel mehr bei einem Jungen, der seine entscheidenden Jahre des Reifens und Lernens im Ausland, fernab der eigenen Familie, fernab der eigenen Kultur, fernab der eigenen Sprachgemeinschaft verbrachte? Kontakt zur Heimat hatte in all den Jahren nur brieflich bestanden. Lediglich die ihm und der Mission regelmäßig zugesandte Zeitschrift *Kochba* (»Der Stern«), eines der zentralen syrischsprachigen Organe der Urmia-Region jener Zeit, hielt ihn über die Vorgänge in der Heimat auf dem Laufenden.

Die Zeitschrift beabsichtigte, den in alle Welt zerstreuten »Assyrern« (gemeint sind die Angehörigen der Kirche des Ostens, die im Westen damals gemeinhin »Nestorianer« genannt wurden) als einigendes Band zu dienen: »Wir brauchen mehr denn je ein solches Band, das die zerstreuten Söhne unseres Volkes aneinander binden würde, ein syrisches Band, nicht ein fremdes, ein östliches, nicht ein westliches« (so die Übersetzung bei Macuch, Geschichte, 206f.). Die Zeitschrift stand bewusst im Dienst der nationalen Bewegung und grenzte sich besonders von westlich beeinflussten Organen (wie die von protestantischen Missionaren herausgegebene Zeitschrift »Die Strahlen des Lichts«, die dennoch als Vorbild erkennbar bleibt, oder wie die Zeitschrift der katholischen lazaristischen Mission »Die Stimme der Wahrheit«, späterhin auch die von der russisch-orthodoxen Mission herausgegebene »Das orthodoxe Urmia«) ab (zu diesen Zeitschriften vgl. Macuch, 136–187, 194–201 bzw. 205). Die Entfremdung von der Tradition und angestammten Kultur seitens der assyrischen Migranten in aller Welt war eine der zentralen Herausforderungen, der sich die Zeitschrift stellte. »Es besteht eine große Befürchtung, daß sich die Leute durch Auswanderung entfremden, Jerusalem vergessen und die Mutter, die sie geboren hat, verwerfen.« (Macuch, 207.) Die Zeitung setzte sich zum Ziel, »das Volk zu vereinigen« (ebd.). Damit trugen die sie betreibenden Vertreter der Nationalbewegung der wachsenden inneren Zersplitterung Rechnung. »Heute sind wir nicht einig in der Religion, wie wir es vor etwa hundert Jahren gewesen sind. Es fehlt uns ein gemeinsames Nationalgefühl. Wir stehen gegeneinander im konfessionellen sowie im privaten Leben. Diese Zeitung will ein Zufluchtsort des Volkes sein, will nicht die nationalen Angelegenheiten mit konfessionellen, sondern mit nationalen Augen betrachten.« (Ebd.) Die offene Aussprache zur Migration aus dem Orient war ein besonderes Anliegen, aber auch Fragen der Ökonomie und der kirchlich ungebundenen Spiritualität. Hier nun konnte Lazarus lesen, was mitzuerleben er nicht in der Lage war: über Neubauten wurde berichtet, über die Einführung des Telefons, Sterbenachrichten und Nachrichten zu Rückkehrern aus dem Ausland, soziale Fragen und rechtliche Regelungen. Da erarbeitete jemand den Vorschlag für ein Werk für Mädchen, dessen Notwendigkeit darin gesehen wurde, dass die syrischen Jungen nach Russland,

Amerika oder Europa auswanderten, oder die in Russland oder Amerika Arbeitenden berichteten über ihre Hilfsfonds für die Daheimgebliebenen, und der Patriarch äußerte in einem ausführlichen Brief seine Freude über den Fortschritt des Nationalbewusstseins (vgl. Macuch, 209–210).

Lazarus nahm also wenigstens literarisch am nationalen Aufbruch unter seinen Leuten Anteil. Es war ein Aufbruch, der sich gegen den Westen abgrenzte. Es war ein Aufbruch zu einer Selbstbestimmung, wie sie den Syrern der Urmia-Region über all ihren internationalen Interaktionen längst abhanden gekommen war. Es war ein Aufbruch, der sich auch aus dem Stolz auf die eigene Geschichte nährte. Es war ein Aufbruch fort von der Marginalisierung und Gängelung sowohl seitens der Muslime und deren lokalen Potentaten, als auch seitens der Europäer, die sie nur dann bereitwillig unterstützten, wenn sie bereit waren, ihre eigene Tradition, ihre eigene Kultur, ihre eigene Theologie abzuwerten und weitgehend zu verleugnen. Das geschah eben auch im religiösem Bereich: Die fanzösischen Lazaristen drangen auf Unterwerfung unter Rom, die russischen Orthodoxen drangen auf Eingliederung in die russische Orthodoxie, die amerikanischen Presbyterianer forderten von ihnen nicht nur einen ihnen fremden puritanischen Lebensstil, sondern auch eine rationalere Theologie; die Anglikaner schienen es besser machen zu wollen, indem sie die kulturelle und religiöse Tradition bewusst bejahten und förderten, doch sie taten das um den Preis des alles bestimmenden Ferments englischer Bildung und Lebensart. Von all diesen Übergriffen auf die syrische Kultur und den Nöten, sich dagegen neu und aus eigener Kraft als Gemeinschaft wieder formieren zu müssen, wusste Lazarus.

Aber wie kam er nun selbst damit zurecht zwischen der in Deutschland erworbenen Bildung und Sicht der Welt und den damit konkurrierenden Sichtweisen der Russen, Engländer, Iraner und der des eigenen Volkes? Ihm dürfte die Situation der Seinen aufgrund seiner ganz persönlichen Lage nicht fremd gewesen sein, sondern eher zutiefst vertraut. Hatte ihn das pausenlose Ringen um etwas mehr Freiraum, um wenigstens die grundlegenden finanziellen Möglichkeiten nun, wo er zurückkehrte – und das noch in die völlige materielle Abhängigkeit von den Deutschen –, erschöpft und erlahmen lassen in seinem Kampf? »Nach und nach erwarben sie [die Angehörigen der Kirche des Ostens] die traurige Weisheit der Angehörigen aller Minderheiten, die Erfahrung, wie man sich verhalten muss, um überleben zu können. So durchlebten sie die Jahrhunderte als fremdes Element in der persisch-islamischen Welt.« (Dieter Lyko, *Wachstum und Leben der evangelischen christlichen Kirche im Iran*, Leiden 1964, 104f.) Das war die grundlegende Alternative zum nationalen Aufbruch: Resignation, Fatalismus, Passivität und der Versuch, sich den Rahmenbedingungen um jeden Preis anzupassen. Auch wenn Lazarus kaum Anlass hatte, sich in diese Haltung einzufinden, sie als stete Herausforderung um sich zu wissen, wurde ihm nichts erspart. Die Zeitschrift, die er da über Jahre bezog und übersetzte, stellte übrigens klar, dass der nationale Aufbruch unter den Gläubigen der Kirche des Ostens nicht im Widerspruch stand zu ihrer Zugehörigkeit zum Iran. Die Zeitschrift sei zwar nationalistisch und patriotisch, aber zugleich galt: »Wir sind Iraner und streben nach der Prosperität unseres Landes, unseres Kaisers und unseres kaiserlichen Regenten.« (Macuch, Geschichte, 207.)

Und doch kannte Lazarus die durch das Auftreten der russischen Soldaten grundlegend veränderte Situation in seiner Heimat vor seiner Rückkehr eben nicht aus eigener Anschauung, sondern nur durch Literatur oder Berichte Dritter. Erst mit der Rückkehr – zudem noch über das Zarenreich anreisend – nahm er diese mit eigenen Augen wahr. Bereits am 10./23. März 1912 hatte Lazarus Jaure bei einem Zwischenaufenthalt auf seiner Rückreise in die Heimat aus Kiew an Röbbelen geschrieben. Da hatte er sich ein erstes Mal ganz in Übereinstimmung mit der protestantisch-deutschen Mehrheitsauffassung zu Gestalt und Wesen der russischen Orthodoxie geäußert:

»Noch einige Worte über die hiesigen kirchlichen Verhältnisse, so weit ich, der Sprache nicht kundig, davon reden kann. Die Kirchen überaus herrlich und zahlreich, ihre vielen Türme fast sämtlich verschwenderisch mit Gold überdeckt, ihre Altäre golden, ihre Bilder mit Gold und Edelsteinen eingefaßt,

die Kirchendekoration die kostbarste, die Kirchenchöre die aus-
gebildetsten, die Liturgien die manigfaltigsten und teilweise
wunderbar schön etc. etc. aber – kein Leben, kein Geist. Bilder
küssen, Kreuze schlagen, Gebete plappern, das sind die Haupt-
momente des Gottesdienstes. Man könnte wirklich zu hart und
übermäßig werden in der Beurteilung dieser Art Gottesdienste.
Wie eine Oase in der Wüste erscheint mir dagegen die hiesige
deutsche lutherische Kirche, deren Pastor, Junger, ich neulich
auch besuchte.«

Das Bild der in Riten erstarrten und nur auf Äußerlichkeiten
bedachten Orthodoxie war in Hermannsburg ebenso üblich wie
in weiten Teilen des deutschen Protestantismus, in dem sich
daher immer wieder Kräfte sammelten, um für eine Erneuerung der orthodoxen Kirchen im Sinne der Reformation von
innen heraus zu werben. So hatten die Herrnhuter und die Bas-
ler Mission in Russland zu arbeiten begonnen, aber auch die
Hermannsburger hatten eine kurze Episode missionarischer
Tätigkeit im Land (in Georgien, das damals zum Russischen
Reich gehörte) und unterhielten intensive Kontakte ins Reich
des Zaren. »Was ist es, das so abstoßend wirkt? Der Mangel an
Erneuerungskraft! Alles ist alt, nichts ist jung!« So fasste Friedrich Naumann (1860–1919), Theologe und Gründervater der
Liberalen, seine Eindrücke zur Orthodoxie im Buch zu seiner
Orientreise *Asia* (Berlin 1899, 106f.) zusammen. Die Einbettung
in eine lange Geschichte, die überzeitlich stets in gleicher Form
gefeierte Liturgie, die durch den Schutzbürgerstatus in der islamischen Welt herausgebildete Mentalität des Stillhaltens und
der Vorsicht, dies alles gehörte für die Protestanten Deutschlands zu dem, was ihnen befremdlich war an den orientalischen
Christen. Die enorme konfessionelle Zersplitterung aufgrund
dogmatischer Positionen ließ sie schließlich als ungeeignet
für das europäische Modernisierungsprojekt erscheinen. Noch
einmal Naumann: »Die einmal überwundenen orientalischen
Christen sind kein Sauerteig im Muhammedanismus geworden.
Sie haben ihren Dogmenzank nicht beendet, als sie unter seinen
Folgen erlagen. In vielen besonderen Gruppen und Abteilungen
führen sie ein Dasein beständiger Uneinigkeit. Selbst der offen-

bare Rückgang im Islam an geistiger Kraft weckt sie zu keinem neuen Leben. Sie sind Salz, das dumpf geworden ist.« (Ebd.)

Wenn Lazarus dagegen die deutsche lutherische Kirche wie eine Oase in der Wüste erschien, so zeigt sich da nicht nur sein Zugehörigkeitsgefühl zum Luthertum, sondern auch das zu Deutschland. Lazarus empfand und dachte nicht mehr als Assyrer aus dem Iran. Er hatte nun beides in sich: seine Herkunft und das Land, das ihm in über einem Jahrzehnt mehr geworden war als nur ein zufälliger Ort für seine Ausbildung. Seelisch hatten sich längst Kennzeichen deutscher Kultur und Mentalität in seiner Lebensführung verankert. Dieses Bild von der lutherischen Kirche als einer Oase inmitten der Wüste russischer Orthodoxie hätte ebenso ein lutherischer Deutscher dieser Epoche verwenden können und haben auch immer wieder berühmte protestantische Autoren in Entgegensetzung von Orthodoxie und Protestantismus so verwandt – etwa in der Gegenüberstellung des orthodoxen Kultus in der Grabeskirche und dessen vermeintlichen Betrugs an den Menschen und der lutherischen Erlöserkirche in Jerusalem als Repräsentanz des Nüchternen, Klaren und Aufrichtigen –, aber gleichzeitig entspricht diese Kritik derjenigen, die in der Apostolischen Kirche des Ostens seit jeher an den Kirchen der westlichen Orthodoxie geübt wurde, deren Reichtum und Prachtentfaltung als dem Evangelium entgegenstehend betrachtet wurde, während der eigene Puritanismus als Ausdruck wirkmächtigen Glaubens dargestellt wurde.

Diesen althergebrachten Stereotypen entsprachen eben jene der westlichen Moderne, und von daher konnten sie nahtlos seitens lutherisch gesinnter ›Nestorianer‹ zur Abgrenzung gegenüber der Orthodoxie nun auch genutzt werden, wo das Gegenüber nicht mehr der Byzantiner, sondern der Russe war, der aber in seinen Bemühungen um eine Union in der Urmia-Region ebenso wie sein historischer Vorläufer bewusst auf Prachtentfaltung und Überwältigung durch Schönheit setzte. Bei der ersten Generalversammlung der Bruderschaft zur Unterstützung der Mission in Urmia in St. Petersburg im Februar 1905 erstattete der Archimandrit Kirill Bericht über die Tätigkeit der

Mission, deren Leiter er vom Mai 1902 bis August 1904 gewesen war. Dabei ging er ausdrücklich auf die ihn störende Schmucklosigkeit und Unauffälligkeit der assyrischen Kirchen ein. »Die Ehre des russischen Namens und die besonderen Umstände der missionarischen Tätigkeit in Urmia, wo neben der orthodoxen Mission auch andersgläubige Missionen am Wirken sind, machen es dringend nötig, daß die orthodoxen Gotteshäuser, die sichtbaren Zeichen für den Sieg der Orthodoxie, prachtvoll ausgestattet seien, damit sie keinen Anlaß geben zu abträglichen Vergleichen und zu für unsere Mission ungünstigen Schlußfolgerungen« (zitiert nach Ernst C. Suttner, »Die Union der sogenannten Nestorianer aus der Gegend von Urmia [Persien] mit der Russischen Orthodoxen Kirche«, *Ostkirchliche Studien* 44 [1995], 33–40, hier 38–39). Das Äußere, das kirchliche Gebäude, demonstrierte für ihn monumental die Sieghaftgkeit der russischen Orthodoxie gerade im Gegenüber zu den Protestanten. Als aber die Kirche des Ostens sich auf verschiedenen Wegen wieder in den Besitz ihrer traditionellen Kirchengebäude setzen wollte, investierten die russischen Orthodoxen große Summen von Geldern in die Umgestaltung der Kirchen. Aus diesem finanziellen Engagement für die Kirchen leiteten sie – fast immer erfolgreich – ihren Besitzanspruch auf die Kirchen ab. Aufgrund solcher Geldzuwendungen wurde ihnen im Rechtsstreit mit der Kirche des Ostens im Zweifelsfall die Kirche zugesprochen, weil der Unterhalt einer Kirche nach iranischem Recht zugleich den Besitz der Kirche bedeutete. Deshalb bemühten sich Kirill und die Mission in Urmia um enorme Geldzuwendungen, damit dadurch den russischen Ansprüchen Nachdruck verliehen werden konnte. Diese Rechtslage habe die Mission in Urmia veranlasst, meinte Kirill in seinem Bericht, »für den Unterhalt möglichst vieler Dorfkirchen Sorge zu tragen, um eben dadurch der Orthodoxie das Recht zu sichern, über die Dorfkirchen zu verfügen«.

Ausführlich nun verarbeitete Lazarus seine Eindrücke während der Rückreise in seinem Brief vom 23. April / 6. Mai 1912 aus Gogtapa. In dem Brief, den er kurz nach seiner Ankunft in der Heimat schrieb, berichtet Lazarus von den Schwierigkeiten bei der Reise, wo ihm seine Sachen, die per Schiff von Hamburg nach Batum gesandt worden waren, nicht ausgehändigt werden konnten, weil sie in Batum am Hafen liegen geblieben waren, während er aus Kiew kommend in Tiflis vergeblich wartete und sich schließlich ohne sein Gepäck zur Reise in seine Heimat aufgemacht hatte. »Während die Reise durch Russland noch angenehm zu nennen ist, so spottet die Reise durch Persien jeder Beschreibung.« So beginnt er seinen Bericht, in dem er die alte Heimat deutlich als rückständig ausweist. Russland, da geht es »noch«, Persien, da geht es eigentlich nicht mehr. Maßstab ist natürlich das, was er aus Deutschland gewohnt war. »Zum Glück noch hatte ich mich überreden lassen, nicht über Täbris und den See, sondern zu Land über Choi zu reisen. Denn gerade in den Tagen war unser berüchtigtes Dampfschiff verunglückt und – ohne Verlust an Menschenleben – gesunken.« Die Reise über Khoi hatte zudem den Vorteil, dass dort erneut ein Vorposten deutscher Kultur aufgesucht werden konnte: das Waisenheim für syrische und armenische Waisenkinder der Deutschen Orientmission in Khoi.

Inseln des Wiedererkennens der eigenen kulturellen Prägung haben für alle Diasporagemeinschaften dieser Welt eine wichtige Funktion. Und Lazarus empfand nun mit deutscher Prägung. Es wurde ihm ein Bedürfnis, mit Deutschen ins Gespräch zu kommen, die Nähe der Deutschen zu suchen, die in seiner Region reisten oder sich dort niederließen. Die Kontakte zur Deutschen Orientmission hielt Lazarus Jaure auch später aufrecht und predigte beispielsweise in der Kirche der Mission beim Waisenheim in Urmia. Lazarus Jaure aber war seitens der deutschen Mission für den Dienst im persischen Kurdistan bestimmt, einer Region, die einst einmal auch von seinem Volk mit besiedelt gewesen war, wo sich nun aber nur noch Reste syrischen Christentums fanden. Die Region war auch für das mentale Empfinden der meisten Syrer eine Region ›außerhalb‹, außerhalb besonders allem gesunden Rechtsempfindens, fern der Sicherheit für Leib und Leben. Kurdistan, das war eine Region geworden, die den meisten Syrern eher Angst machte und die sie eher mieden. Lazarus hingegen versucht sich an einem positiveren Bild derer, die von seinen eigenen Leuten als zutiefst sie gefährdend erlebt wurden. Und er setzte dabei auf die durch die russische militärische Präsenz neugeschaffenen Fakten.

»Wodurch ist es geschehen, dass die Russen
fast die gesamte nestorianische Kirche so leicht
auf ihre Seite bekamen?«

Konflikt mit der Russisch-Orthodoxen Kirche

»Es war unmöglich, mich gegen Deine Anwesenheit in mir zur Wehr zu
setzen.« Pascal Mercier (360)

Wie ging es weiter nach seiner Rückkehr? Lazarus schreibt in
seinem Brief vom 23. April / 6. Mai 1912: »In der nächsten Woche werde ich, wohl mit meinem Vater, nach Sautschbulaq [Ma-
habad] reisen, um meine Arbeit zu beginnen. Zwar hört man
jetzt hier nichts günstiges über Sautschbulaq, die Kurden [sind]
unruhig, Kämpfe mit türkischen Truppen [werden gemeldet].
Pastor Fossum [Leiter der amerikanischen lutherischen Mission,
die sich auf eine Zusammenarbeit mit der deutschen geeinigt
hatte] scheint ganz verloren zu haben, ja, die Zeitung berichtete sogar, er sei ganz verjagt worden. Jedoch führt man es nur
auf das ungeschickte Verhalten Pastor Fossums zurück und
nicht auf eine Feindschaft gegen die Mission. Darum glauben
wir, dass meiner Arbeit dort jetzt nichts entgegensteht. Wäre
dort irgendwie russische Sphäre, wie unser ganzes Gebiet hier
es ist, so wäre überhaupt nichts zu befürchten, vielleicht auch
nicht von russischer Seite.« Die Einschätzung der russischen
Präsenz in Persien und speziell in der Urmia-Region entsprach
nicht mehr den außenpolitischen Interessen des Deutschen
Reiches, das hier längst einen Schwerpunkt seiner Aktivitäten
auf persischem Boden gebildet hatte und immer mehr die offene Konfrontation zu den Interessen des Russischen Reiches
in Kauf nahm. Die künftigen türkisch-kurdischen Verbündeten
Deutschlands hingegen nahm Lazarus Jaure also in ihrer Ambivalenz wahr. Immerhin meinte er, Mission erfolgreich betreiben
zu können und setzte sich vom aus seiner Sicht ungeschickten

Verhalten des amerikanischen Missionars ab. Er glaubte, anders agieren zu können, geschickter, eingepasster in die kurdische Gesellschaft. Anders als weite Teile der deutschen Öffentlichkeit sah Lazarus die russische Besatzung der Urmia-Region eindeutig positiv. Seine anerkennenden Worte zu Liturgie, Kunst und Gesang der Orthodoxen hingegen überstiegen nicht das übliche Maß an Anerkennung, dass selbst protestantische Theologen immer wieder der Orthodoxie zubilligten. Auf dem religiösen Sektor freilich galten Lazarus Jaure die Vertreter der Russischen Orthodoxen Kirche als indiskutabel.

Im selben Brief fährt er fort: »Ich habe natürlich noch keine Zeit gehabt, um mich in unseren Gemeinden genügend umzusehen. Darum kann ich noch nichts bestimmtes schreiben. Was aber jedem hier sofort in die Augen fällt, das ist der stromweise Einfluss der russischen Eindringlinge[,] dem nicht zu widerstehen [zu sein] scheint. Es ist natürlich keine Rede von einer geistigen Anziehungskraft der orthodoxen Kirche, vielmehr täuscht sie die urteilslosen und bedrückten Massen durch Politik, die freilich eine Politik der Befreiung für uns ist, aber doch nicht als Vorspann dienen sollte für eine unehrliche Überrumpelung anderer Kirchen.« Lazarus Jaure, der in seiner Kindheit schon von den Kämpfen zwischen den Unionswilligen in seiner Kirche, die unter der Leitung des Bischofs Yonan Anschluss an die Russische Orthodoxe Kirche suchten, und deren Gegnern Kenntnis gehabt hatte (sein Vater war ein vehementer Unionsgegner), verschreibt sich also nicht einer pauschalen Ablehnung der russischen Aktivitäten in der Region. Doch in den mehr als zehn Jahren seiner Abwesenheit in Deutschland hatte sich einerseits die Russische Orthodoxe Kirche und ihre Mission weiterhin etablieren können, andererseits war der kirchliche Widerstand gegen die eingeführten russischen Gebräuche gewachsen, wobei die lutherisch gesinnten Priester in diesem Widerstand lange Zeit eine Schlüsselrolle innehatten.

Den konkreten Folgen der Präsenz russischen Militärs widmete er grundsätzliche Bemerkungen, die angesichts der konfessionellen Gegnerschaft der erwecklichen Hermannsburger Mission gegen die Russische Orthodoxie, die von den Berichten der Priester aus der Urmia-Region kräftig geschürt worden war, ein deutliches Gegengewicht bildeten. In seinem Brief schrieb er dazu: »Nur eins möchte ich noch bemerken: Dank, Dank sei der russischen Regierung, sie hat uns befreit, vollkommen befreit; der Spiess ist jetzt umgekehrt, jetzt wagt kein Moslem einem Christen irgend wie zu nahe zu treten, die Christen sind jetzt oben. Ich habe es selber auf der Reise erfahren. Unendliche [unendlich viele] Menschen sind auf der Reise über Choi abgeschlachtet worden. Nur zitternd konnte man diesen Weg, nur zu Hunderten, zurücklegen. An wie vielen Stellen sagten mir meine Reisegenossen, hier wurde mein Onkel, hier mein Brudersohn, hier ein Verwandter, ein Freund, ein Bekannter ermordet, – hier wurde Labaree Sahab erschossen. Und jetzt! Einer allein kann zu Nacht den Weg zurücklegen, ohne dass er nur das geringste zu befürchten hätte. Gereinigt, ausgefegt ist der Weg durch russisches Militär. Allenthalben sind Kosaken und Soldaten stationiert, die für [die] Sicherheit der Gegend zu sorgen haben. Aber nicht nur Räuber, Kurden, Diebe etc. ist das Handwerk gelegt, auch die Unterdrückung und unwürdige Behandlung der Christen hat aufgehört. Früher wurde ein Christ, wenn er einem Moslem gegenüber nur das geringste sich erlaubte, mit Fusstritten und Messern behandelt. Jetzt aber hat man uns vollkommen Gleichberechtigung mit den Mohammedanern gewährt, ja wir sind jetzt die herrschende Klasse geworden. Darum können wir einerseits die Russen als unsere Befreier betrachten, andererseits aber haben wir sie auch wegen ihrer kirchlichen Umtriebe sehr zu fürchten.« Hier bricht der Brief ab mit dem Hinweis, der Briefträger warte schon geraume Zeit, um ihn in Empfang zu nehmen. Gerade aber mit der Formulierung über Nutzen und Gefahr der Russen brachte Lazarus die Ambivalenz russischer Präsenz in der Urmia-Region auf den Punkt. Was er von den Christen als der herrschenden Klasse geschrieben hatte, wurde zum Wetterleuchten für jene tragischen Ereignisse in der Kriegs- und Nachkriegszeit, die in Urmia zu den unerbittlichen Auseinandersetzungen zwischen den Anhängern beider Weltreligionen führten, in deren Folge das nestorianische Christentum in der Region endgültig zur Bedeutungslosigkeit herabsank.

Lazarus Jaure kam in der Folge seiner Sicht der Russischen Orthodoxen Mission in Urmia immer mehr auch zu einer Kritik an den protestantischen Missionen. Am 17. Juni 1912 schrieb er noch vergleichend an Röbbelen: »Unsere Arbeit bei und in Urmia ist zwar klein und beschränkt. Aber dabei muss in Betracht gezogen werden die Beschränktheit der Mittel, die den Arbeitern zur Verfügung standen. Denn wodurch ist es geschehen, dass die Presbyterianer und die Russen fast die gesamte nestorianische Kirche so leicht auf ihre Seite bekamen? Bei den ersteren wenig und bei den letzteren wahrhaftig gar nicht durch religiöse Ueberzeugung, sondern eben weil ihnen die nötigen Mittel zur Hand waren. Es kann einem wahrhaftig sehr wehe tun, wenn man jetzt sieht, wie das Volk durch den Schein getäuscht und verleitet in die neuen russischen Kirchen geht. Wenn wir gewiss auch solche Mittel wie die Russen zur Füllung unserer Kirchen nicht anwenden, so ist es auch gewiss, dass durch treue Arbeit und gute Mittel und Geld für die lutherische Kirche hätte unendlich viel gewonnen werden können. Aber es ist immer noch viel zu gewinnen und ich glaube, dass durch Anstrengung von hier und Unterstützung von dort unsere Gemeinde gestärkt und noch einige hinzugewonnen werden können.« Doch die Finanzmittel aus Deutschland blieben stets spärlich. Lazarus Jaure gab sich keinen Illusionen über die geistige und ethische Verfassung seines Volkes unter der muslimischen Herrschaft hin. Für den Verfall der Moral seines Volkes machte er die Jahrhunderte der Unterdrückung und Marginalisierung verantwortlich und entsprach auch damit der Sicht der Deutschen auf die orientalischen Christen.

Wirklich zugespitzt aber hatte sich die Situation aus seiner Sicht erst durch die Wirksamkeit der Missionen. Sie hätten diesen Niedergang wesentlich verschlimmert. So schreibt er am 20. August 1912 an Röbbelen: »Heute ist hier [ein] Wettrennen zwischen den verschiedenen Missionen, wer am meisten durch allerhand Intrigen verführte Mitglieder dem anderen abgewinnt. Da gilt nicht mehr Religion, sondern Geld, da gilt nicht mehr Ueberzeugung sondern Vorteil, nicht mehr Christus, sondern politische Machtmittel. Die Missionen haben unser Volk verdorben, so hart dieses Urteil auch klingen mag; sie haben unser tiefreligiöses Volk irreligiös gemacht, d.h. ohne Religion, weil irrend in den Religionen. Sie haben ihm Heuchelreligionen aufgezwungen. Herr Pastor! Sagen Sie nicht, unser Volk sei von Natur oder durch Not schon vor den Missionen so verdorben gewesen und es sei jetzt ohne Schuld der Mission so geworden. Nein, die Missionen haben das Volk dazu erzogen. Wenn Sie das Treiben hier jetzt sähen [...], so würden Sie entsetzt den Blick wenden. Alles Heuchelpropaganda und die armen Leute wie ein dünnes Rohr vom Winde hierhin und dahin geworfen. Aber kann man auch mehr von so schwachen Leuten fordern? Kann man auch fordern[,] dass das Rohr unbeweglich im starken Sturme dastehe? Ich behaupte sogar, dass jedes andere Volk unter denselben Verhältnissen dieselbe Bahn gezogen würde wie unseres, vielleicht noch[,] dass unser Volk manche Vorzüge aufzuweisen hätte.« Mission als Ursache der Verderbnis, obwohl er doch nun selbst Missionar zu sein sich anschickte einerseits; andererseits der anhaltende und von Verständnis für seine Eigenart getragene Stolz auf das eigene Volk. Eines war ihm deutlich: Mission, die mit unlauteren Mitteln arbeitete, führte ins Verderben und in die Heuchelei. Sein Vater und die anderen Priester dieser Gruppe hatten schon einen jahrzehntelangen Kampf gegen die russische Mission hinter sich gebracht, die es zu nutzen wusste, dass die militärische Präsenz der Russen vielen wie eine Befreiung vorkam (und es ja auch war), die über den Verlust eigener Geschichte, Kultur und Gepflogenheit hinwegtröstete.

Als die Auseinandersetzung mit der Russischen Orthodoxen Kirche begann, war Lazarus erst neun Jahre alt gewesen. In Gogtapa erschien ein Bote des Bischofs Yonan und forderte von seinem Vater, dem Priester Jaure Abraham, das Geläut zu seinem Einzug und seine feierliche Einholung in das Dorf und in die Kirche (HMB 1899, 231–235). Jaure Abraham weigerte sich. Nunmehr wurde er zur Auslieferung der Kirchenschlüssel aufgefordert. Auch dagegen verwahrte sich der Priester. Doch stieg ein Dorfbewohner heimlich durch ein Fenster der Kirche, das er von außen zerbrach, ein und öffnete die Kirche von innen dem

Bischof, der daraufhin mit seinem Gefolge in die Kirche einzog, die Kirche erneut weihte und die Leute mit dem Hinweis auf die Macht Russlands zur Konversion aufforderte. Trotzdem folgte nur ein kleiner Teil der Gläubigen dem Ruf des Bischofs. In der Petition aus dem Jahr 1897, die Bischof Mar Yonan unterzeichnen ließ, erklärten die Unterzeichner in sieben Paragrafen ihre Annahme des 4. Ökumenischen Konzils (Chalcedon) und der Briefe Kyrills von Alexandrien, sie akzeptierten zugleich die sieben allgemeinen und die neun besonderen Konzilien, die Lehren zur Person Christi und zu Maria als Gottesmutter und die sieben Sakramente. In Wasirabad, wohin der Bischof anschließend weiterzog, wiederholte sich das Schauspiel. Der Priester Pera Johannes protestierte, konnte aber mit seinen Gläubigen nicht verhindern, dass auch seine Kirche von Yonan und seinem Gefolge mit Gewalt geöffnet und in Besitz genommen wurde (HMB 1899, 234). Auch hier ging nur ein geringer Teil zur Union mit der Russischen Orthodoxen Kirche über.

Mit der Zeit stabilisierten sich die Verhältnisse. In Wasirabad waren 12 Familien übergetreten, 16 Familien blieben resistent; in Gogtapa gar blieben 69 Familien bei der Mutterkirche und nur 39 traten der Union bei. Provisorisch versammelte der Priester in Gogtapa seine Gemeinde im Freien, der in Wasirabad in seinem Privathaus (HMB 1901, 243). Pera Johannes meldete schon am 3. September 1899, dass das Unionsvorhaben gescheitert sei aufgrund der mangelnden politischen Folgen russischerseits. »Nun lassen die Übergetretenen den Kopf hängen, und die Unterdrückung und Verachtung von seiten der Mohammedaner nimmt überhand. Das Schicksal der Christen ist jetzt viel trauriger als früher« (HMB 1899, 234). Heftig kämpften die Priester darum, wieder in den Besitz der Kirchen zu kommen. Bittschriften an den persischen Kronprinzen blieben erfolglos (ebd.). Auf Intervention des Gesandten des Deutschen Reiches in Teheran hin ordnete die persische Regierung eine Untersuchung an und berief eine Kommission, die aus Muslimen, Armeniern, Presbyterianern und Katholiken bestand (HMB 1901, 14–15). Zur Kommission gehörten mehrere hohe Regierungsbeamte. Die Kommission kam zu dem Schluss, dass den Priestern ihre Kirchen gewaltsam fortgenommen worden waren und sie ihnen deshalb zurückzuerstatten seien. Mit persischem Geleitschutz wurden den Russen die Kirchenschlüssel abgefordert. Bischof Yonans Hoffnung, dass die russischen Missionare, die nach St. Petersburg zum Bericht zurückgereist waren, wiederkämen und die Situation erneut wenden könnten, erwies sich als zunächst unbegründet. Daraufhin traten zahlreiche Gläubige, die der Union beigetreten waren, wieder aus ihr aus und schlossen sich wieder ihrer Mutterkirche an (HMB 1901, 243). Die »Russengewordenen« seien »müde geworden« angesichts der uneingelösten Versprechungen Mar Yonans (HMB 1900, 230). In der Folgezeit nahmen die Priester aktiv an der Organisation des Widerstandes gegen die Union teil und trugen zur Restauration der Apostolischen Kirche des Ostens entscheidend bei, indem sie bewusst im Rat (*Motba*) Verantwortung übernahmen. Der unterstütze auch die Bemühungen des Priesters Johannes Pascha in Digalah, seine Kirche zurückzuerhalten; 2000 Tuman brachten sie dafür auf. Johannes Pascha wusste sich schon vor dem positiven Ausgang im Rückenwind seiner Glaubensgeschwister: »Seitdem die Russen angefangen haben, nach ihren eigenen Zeremonien und Ordnungen Gottesdienste zu halten, besucht der größte Teil der zu ihnen Uebergetretenen ihre Gottesdienste nicht mehr, sondern erwartet, daß unsere Synode die von den Russen in Beschlag genommenen syrischen Kirchen wieder in Besitz nimmt.« (HMB 1904, 141.) Tatsächlich verschwand russischerseits die Offenheit für das syrische Erbe schnell. Im Bericht des Oberprokurors (des leitenden Beamten, der als Vertreter des Zaren den Heiligen Synod leitete) für die Jahre 1908/09 wird das unmissverständlich deutlich, wenn er als zwei der drei Hauptziele der Mission angibt, dass sie die Syrer durch die orthodoxe Lehre aufklären und ein gottesdienstliches und kirchliches Leben einführen solle, das der orthodoxen Ordnung entspräche (vgl. Suttner, 39–40).

Dieser Druck zur Angleichung der Ostsyrer an die russische Orthodoxie verstärkte hingegen die Regungen der Resistenz. Ein besonderer Erfolg war es da für die Priester um Pera Johannes, dass sich ihnen der Kascha Ablachat aus Ardischai mit seiner Gemeinde anschloss (HMB 1901, 368). Kascha Ablachat hatte sich zunächst den Russen angeschlossen, sei aber gleich wieder »zurückgekommen« und wollte sich der Leitung der lutherisch-nestorianischen Priester unterstellen. In dem Ort Ardischai war der Sitz des Bischofs Gabriel gewesen, der sowohl in seinen Kontakten zu Anglikanern als auch zu Lutheranern die entscheidende Figur gewesen war und zugleich dabei eifersüchtig auf die Unabhängigkeit seiner Kirche geachtet hatte. Seine grausame Ermordung durch Kurden hatte weltweit für Aufsehen gesorgt. Kascha Ablachat entstammte derselben bischöflichen Familie. Im Sommer 1904 unternahmen die russischen Orthodoxen daraufhin einen erneuten Versuch, sich des Herdes der Resistenz gegen ihre Bemühungen zu entledigen. Im Einvernehmen mit dem russischen Generalkonsul wurde bei den persischen Behörden eine Beschwerde eingereicht und ein Kommissar mit zahlreichem Gefolge in die Dörfer gesandt (HMB 1904, 26f.; 140f.; 218f.; 364; HMB 1905, 221f.). Die Priester wurden öffentlich gedemütigt und die Gläubigen einer scharfen Befragung unterzogen. Doch regte sich heftiger Widerspruch nunmehr auch seitens der Gemeinden. Die abschließende Versammlung wurde aus Furcht vor Tumulten vertagt, die Zwischenzeit für die Rückholung der zur Union Beigetretenen genutzt. Doch blieben die Gemeinden standhaft, und das Häufchen der Übergetretenen blieb entscheidend kleiner als die dem Konsul gemeldete Zahl von angeblich sich zur Union bekennender Ostsyrer. Der Kommissar fühlte sich missbraucht aufgrund der Fehlinformation. Die über den erneuten Fehlschlag informierten persischen Regierungsstellen in Täbris und Urmia verhehlten nicht ihre Freude über den Widerstand der Gemeinden. Dennoch mussten die Gemeinden ihren dann vor Gericht erkämpften Richterspruch teuer bezahlen (HMB 1904, 218).

Es kann nicht verwundern, dass die russische Niederlage im Russisch-Japanischen Krieg kräftig propagandistisch gegen die russische Orthodoxie ausgenutzt wurde. Oschana-Chan, einer der Führer der nationalkirchlichen Resistenz gegen die Russen (vgl. Macuch, Geschichte, 209), wies in einer Rede anlässlich der Silberhochzeit des Priesters Pera Johannes im Beisein einer großen Öffentlichkeit auf die katastrophale Niederlage hin und sprach, wie es im offiziellen Bericht dazu heißt, »seine Freude und seinen Dank gegen Gott aus, daß er die altsyrische Kirche nicht hat von der Erdfläche verschwinden lassen« (HMB 1906, 323f.). Im Jahr 1908 war dann die russische Gemeinde in Gogtapa endgültig zerrüttet. »Die Russen haben hier alles verloren«, berichtete Jaure Abraham (HMB 1908, 50): »Seit acht Monaten ist ihre Gemeinde auseinander gegangen. Ihre Glieder bitten uns, sie anzunehmen und für sie zu sorgen. Aber wir können es leider nicht.«

Bis in den Ersten Weltkrieg hinein blieb das Nebeneinder der Kirchen weithin stabil. Die Rückgewinnung aller der Union Beigetretenen schritt zwar stetig voran, blieb aber weiterhin ein noch zu realisierendes Programm der Priester um Pera Johannes. Der Weltkrieg machte aus dem Konfessionsstreit sodann einen Streit der Mächte, was er wohl hinter der Fassade der Mission schon zuvor in vielfältiger Weise ohnehin gewesen war. Am 18. Juni 1914 bereits übermittelte das Auswärtige Amt in Berlin die Nachricht des deutschen Gesandten in Teheran, dass die Kirche in Wasirabad vom russischen Bischof in Besitz genommen und der Priester mit seinen Gemeindeältesten ins Gefängnis geworfen worden sei (NLMP 1,3 [28. Juli 1914], 11). Durchgeführt wurde die Aktion von dem dazu von den Russen genötigten persischen Gouverneur in Urmia, der dem russischen Bischof eine starke militärische Begleitung mitgab. Der Bischof nahm die Kirche in Besitz und weihte sie am Trinitatesfest neu. Um möglichen Aufruhr im Dorf zu unterdrücken, wurden die Reiter bei den Gemeindegliedern in deren Häusern einquartiert. Vorangegangene Bemühungen des Gouverneurs, den Priester und seine Gemeindeältesten freiwillig zur Übergabe der Kirche zu bewegen, waren erfolglos geblieben (NLMP 1,4 [28. September 1914], 14). Am Donnerstag nach Pfingsten erschien ein Gerichtsbote mit dem schriftlichen Befehl zur Übergabe der Kirche an die Russen. Der Priester bemühte sich vergeblich um eine Audienz beim Gouverneur, um eine Aufhebung des Befehls zu erlangen; er wurde gar nicht erst vorgelassen. Am 12. Juni erschien nachmittags der Bischof Mar Elia mit

Priestern und Angestellten der russischen Mission in Begleitung eines persischen Offiziers und einer Mannschaft von Reitern im Dorf. Dennoch verweigerte Pera Johannes dem Bischof das Versprechen, die Kirche nie wieder zu betreten. Nun wurden ihm Misshandlungen angedroht. Trotzdem fanden sich nur 25 Personen zur ersten liturgischen Feier des Bischofs in der Kirche ein. Der bald freigelassene Priester konnte erneut die Gemeinde sammeln, allerdings ohne wieder in den Besitz der Kirche zu kommen. Die Kirche in Gogtapa, in der der Vater des Lazarus und in dieser Zeit auch Lazarus Jaure selbst als Priester wirkten, blieb unangetastet. Die Russen hatten mittlerweile eine eigene Kirche am Ort errichtet, die aber schon nach wenigen Monaten praktisch über kein Gemeindeleben mehr verfügte. Dieser Akt war der letzte im Kampf um Union oder Unabhängigkeit der ostsyrischen Priester um Pera Johannes. Was folgte, waren die schrecklichen Ereignisse des Ersten Weltkrieges und in ihrer Folge das Ende der Union.

»Wodurch ist es geschehen«, so fragt Lazarus in einem Brief vom 17. Juni 1912, dass »die Russen fast die gesamte nestorianische Kirche so leicht auf ihre Seite bekamen?« Seine Antwort geht von der unumstößlichen Gewissheit aus, dass dies jedenfalls »wahrhaftig gar nicht durch religiöse Ueberzeugung« der Konvertiten zu erklären sei, »sondern eben weil ihnen die nötigen Mittel zur Hand waren«. Den jungen Priester schmerzte die Anfälligkeit seiner Volks- und Glaubensgenossen für die materiellen Verlockungen der Russen. »Es kann einem wahrhaftig sehr wehe tun, wenn man jetzt sieht, wie das Volk durch den Schein getäuscht und verleitet in die neuen russischen Kirchen geht.« Doch gehörte Lazarus Jaure der zweiten Generation von Priestern der ›lutherischen Nestorianer‹ im Umfeld des Pera Johannes an, und sein Urteil über die Wirkung der Russen fiel ambivalenter und in stärkerer Rückbindung an westliche Denkkategorien aus als das der Priester der ersten Generation.

Für die älteren Priester war es gerade die politische Motivation vieler ostsyrischer Christen, die ihnen die Union mit der Russischen Orthodoxen Kirche suspekt machte. So resümierte Kascha Johannes Pascha am 23. Juli 1900: »Die Russen hatten dem Volk versprochen, daß sie es von dem schweren Joch des Mohammedanismus befreiten, aber es ist alles vergebens gewesen. Gar kein Gutes haben sie diesem bedrängten Volke erwiesen, sondern das Gegenteil.« (HMB 1900, 230.) Auch Jaure Abraham, Lazarus' Vater, benennt 1902 in seiner Freude über die Rückgewinnung der zunächst der Union Beigetretenen nochmals das Moment der fehlgeleiteten politischen Motivierung der Verführten: »Früher hatten wir eine gute, zahlreiche Gemeinde; jetzt aber eine noch viel bessere und größere. Viele neue Glieder sind eingetreten. Eine große Zahl von denjenigen, welche zu den Russen durch Betrug und wegen politischer Sachen übergetreten waren, sind wieder zurückgekehrt. Wir sind der Hoffnung, daß zuletzt noch alle zurückkehren werden.« (HMB 1902, 121f.) Für Pera Johannes selbst, den Kopf der ›lutherischen Nestorianer‹, waren die theologischen Forderungen der russischen Seite auf dem Boden seiner Tradition unannehmbar und hätten das eigentliche Gewicht der Ablehnung der Union zu tragen, das aber eben seitens der Unionswilligen nicht zum Tragen käme, da die nicht auf die Bewahrung der eigenen Lehre bedacht seien. Schon am 17. Juli 1897 hatte er sich in gebrochenem Deutsch, aber inhaltlich unmissverständlich dazu geäußert: »Die Nestorianer alle lassen sich [in die Liste ein]schreiben[,] obwohl sie öffentlich sagen, daß sie müssen die Beschlüße des Consils in Episus [sic] annehmen ›theotokos anathema‹ über Nestores [sic]. Das ist nur das schwerste den Nestorianern und das nehmen sie ohne bedenkend an, denn sie fragen nicht nach der Lehre, sondern nach der Befreiung von den mohammedanischen Fesseln, Unterdrückungen«. Mit dieser Argumentation ebnete Pera Johannes den Weg für die Sicht auch der deutschen Verantwortlichen zu den Vorgängen. »Diese ganze Bewegung hat im Grunde keinen kirchlichen, sondern einen weltlichen Charakter; es handelt sich wesentlich um den Schutz Rußlands wider die Mohammedaner und der Einfluß Rußlands ist dadurch im Norden Persiens der herrschende geworden.« (HMB 1899, 233.)

Lazarus sah es so wie die anderen Priester, und es dürfte seine Empfindlichkeit im Blick auf die Art und Weise, mit der Mission betrieben wurde, intensiviert haben. Er kämpfte dagegen, dass die Menschen sich von ihrer kulturellen Identität entfremden ließen, indem man ihnen Wohlfahrt versprach, obwohl die doch in keiner Weise voraussetzte, dass man dafür sein eigenes Sein verriet. Er kämpfte aber auch gegen die Heuchelei, die dem, von dem man sich einen Vorteil für sich erhoffte, etwas vorspielte, womit er sich zufriedenstellen ließ (und im Herzen eben doch abseits blieb von dem, den man so zu sich gezogen hatte). Wenn er zu sehen meinte, dass Mission zur Heuchelei erzöge, so wusste er, wovon er sprach. Wie aber konnte er da noch als Missionar wirken? Denn genau das war ja nun seine Aufgabe geworden. Konnte er, der die katastrophalen Folgen missionarischer Aktivität vor Augen hatte und nicht umhin konnte, das auch wahrzunehmen und auszusprechen, konnte er selbst da noch guten Gewissens der Sache der Mission dienen?

»Hier will ich noch im allgemeinen bemerken:
es ist ein großer Irrtum, zu denken,
ich lebe von der Gnade der Mission.«

Als Nicht-Europäer unter europäischen Missionaren

»Deshalb ist es mir auch immer peinlich, wenn die Leute sagen ›Sie sind aber
tapfer‹ oder ›Sie haben aber großen Mut‹. Denn es hat nichts mit Mut und
Tapferkeit zu tun. Ich muss es einfach tun. Oft will ich all das gar nicht sehen
oder verstehen. Aber das geht nicht, weil die Geschichte danach schreit, er-
zählt zu werden.« Arundhati Roy (108)

»Sie sprachen von mir nur leise
Und weisen auf meinen Schorf.
Sie mischen mir Gift in die Speise.
Ich schnüre mein Bündel zur Reise
Nach uralter Vorväter Weise
Sie sprechen von mir nur leise.
Ich bleibe der Fremde im Dorf. «
Mascha Kaléko (*In meinen Träumen läutet
es Sturm*, München, 5. Auflage 1981, 46.)

Auf seiner Reise nach Persien durchfuhr Lazarus Jaure Russland,
wo er sich zweimal bei Verwandten länger als geplant aufhalten
musste. Erst nach dem Osterfest 1912 traf er bei seinem Vater
und seiner Familie in seinem Heimatort Gogtapa ein. Zu diesem
Zeitpunkt hatten russische Truppen die kurdischen Banden der
Region zurückgedrängt. Als Folge fürchtete man allgemein kurdische Rachefeldzüge. Aus diesem Grund musste Lazarus Jaure zunächst in Gogtapa verweilen. Am 4. Juni 1912 aber traf er
dann in Sautschbulak (heute Mahabad) ein. Seine Beschreibung
der Reise in die Stadt zeigt schon seine später für die Poesie
seines Volkes fruchtbar werdende ästhetische Aufgeschlossenheit in sensiblen Naturschilderungen, und es ist Karl Röbbelen

zu verdanken, dass sie, unter dem Titel »Die Reise des Pastors Lazarus Jaure nach Sautschbulak«, durch ihre Veröffentlichung im »Missionsblatt für unser liebe Jugend« Nr. 15 in Hermannsburg 1912 einem breiteren Lesepublikum zugänglich gemacht wurde:

»Zu einer Strecke wie von Urmia nach Sautschbulak, die ein deutscher Schnellzug in 1 bis 1½ Stunden zurücklegen würde, brauchten wir 4 volle Tage. Unsere Karawane war klein, sie bestand aus 3 Reisenden, dem Eigentümer der Karawane, einem Knechte und 8 berittenen oder schwer beladenen Pferden. Eine solche Karawane geht nun nicht schnell; ihr Gang ist sehr bedächtig und langsam, um so mehr, da die Pferde, die zu solchen Diensten genommen werden, meist alte, sonst unbrauchbare Tiere sind. Ein Fußgänger geht viel rascher als eine solche Karawane. Man würde auch schneller vorwärts kommen, wenn es hier nicht so warm wäre; denn die Temperatur steigt jetzt (Anfang Juni) zur Mittagszeit schon bis zu 40 Grad R [d.i. 32 Grad Celsius]. Darum können die Karawanen nur nachts oder abends und morgens unterwegs sein. Während der wärmeren Zeit müssen sie ruhen.

Am ersten Tag führte unser Weg durch die ausgedehnte Urmiaebene, an herrlich grünen Weingärten, an üppigen Feldern und jungen Melonengärten vorbei. In weiter Ferne nach Westen hin erglänzen die schneeigen Spitzen der hohen Berge Kurdistans. Je mehr wir uns aber von Urmia entfernen, um so mehr nimmt die Pracht und Schönheit des Landes ab, um so mehr tritt wüstes, unbebautes Land auf; wir nähern uns dem Gebiet der wilden Kurden. Doch die erste Nacht verbringen wir noch außerhalb der kurdischen Grenze in einem Dorf, von dem man mir sagte, daß dessen Einwohner es waren, die vor 5 Jahren viele Christendörfer ausplünderten und auch das Leben der Christen, die in ihre Hände fielen, nicht verschonten. Wir 3 Christen protestierten gegen die Absicht des Karawanenführers, hier zu bleiben. Aber er wollte nicht weiter. Er selber blieb mit seiner Karawane die Nacht über auf dem Felde. Da wir aber das für zu gewagt hielten, gingen wir in die Wohnung eines

Mohammedaners, wo uns ein Zimmer angewiesen wurde, das weder Tür noch Fenster hatte, sondern nur an der einen Ecke eine Öffnung nach dem Stall zu aufwies, die als Ein- und Ausgang benutzt wurde. Hier legten wir uns nieder, um zu schlafen. Aber an Schlaf war bei mir nicht zu denken. Denn im Augenblick, als wir uns niederlegten, wurden wir von einer solchen Masse von Ungeziefer überschwemmt, daß wir alle Furcht vor einem Überfall von Menschen vergaßen und nur bedacht waren, uns gegen unsere tierischen Angreifer zu verteidigen. In dieser Qual verstrich eine Stunde nach der anderen, bis wir endlich um 3 Uhr morgens zum Aufbruch gerufen wurden.

Dicht hinter dem Dorfe führt der Weg über einen Bergpaß, wo einige Tage vorher ein Reisender von Kurden getötet worden war. Dieser Paß wurde uns als der gefährlichste Punkt des ganzen Weges von Urmia nach Sautschbulak bezeichnet. Auf unsern Pferden zusammengekauert, ritten wir dahin, rechts von schattenhaften großen Bergen und links vom rauschenden Urmiasee eingeschlossen. Jeden Augenblick waren wir gewärtig, Zielscheibe kurdischer Kugeln zu sein. Aber in einer solchen Lage schwindet die Furcht, wenn man sich in der Gefahr von der starken Hand Gottes getragen weiß und sich in Seinen Willen ergibt. Und – als wir den höchsten Punkt des Passes erreicht hatten, kam wie ein friedlicher Fingerzeig Gottes hinter den glühenden Bergen am jenseitigen Ufer des Sees die brennende Sonnenkugel hervor und hüllte alles in einen feurigen Schein. Ein herrliches Schauspiel. Mutiger ritten wir den Paß hinunter und glaubten, als wir den ebenen Weg wieder erreicht hatten, mit Gottes Hilfe einer großen Gefahr entronnen zu sein. Von jetzt ab sind wir im kurdischen Gebiet. Der Weg führt 2 Tage immer am Ufer des Sees entlang. Zur Rechten zieht sich fast undurchbrochen eine große Bergkette hin.

Am Abend rastete unsere Karawane auf freiem Felde neben einem kurdischen Dorfe. Wir breiteten unser Bettzeug unter dem blauen, sternbesäten Himmel aus, befahlen uns in Gottes Schutz und schliefen einen süßen Schlaf, bis wir um 12 Uhr nachts zum Weitermarsch geweckt wurden.

An diesem und dem folgenden Tag bot die Reise nicht viel

Veränderung, verlor nichts an Naturschönheit, aber ebenso wenig an Gefährlichkeit. Hohe Berge, blaues Meer, gefährliche Täler, gefürchtete Pässe, heiße Sonne. Hie und da begegnet uns eine Karawane, die Korn nach Urmia transportiert, begleitet von schwerbewaffneten Kurden. Die Nacht verbrachten wir in dem kurdischen Dorf Mehmedkendi im Hause unseres Karwanenbesitzers. Hier wurden wir außerordentlich gut verpflegt und man behandelte uns mit größter Ehrerbietung. Denn die Kurden sind in ihrem Heim sehr gastfreundlich und bürgen mit ihrem Leben für die Sicherheit und Wohlfahrt ihrer Gäste.

Am folgenden Tage, am späten Nachmittag, langten wir in Sautschbulak an und dankten Gott, daß Er uns durch alle Schwierigkeiten und Gefahren des gefürchteten Weges hindurchgeführt und ohne Schaden an unser Ziel gebracht hatte. Es war der 4. Juni. Ich ritt gleich auf die Missionsstation, wo seit 10 Monaten Pastor Fossum und Dr. Edman mit Predigt und ärztlicher Tätigkeit für Gottes Reich unter den Kurden wirken. Mit großer Freude wurde ich von den Geschwistern empfangen und fand in ihrem Hause vorläufig ein Heim.«

Das mehr als 50 Kilometer südöstlich von Urmia gelegene Sautschbulak, das heute Mahabad heißt, hatte zwar noch syrische Einwohner, aber die waren ohne eigenes Gotteshaus. Westlich der Stadt lag in einem Wald lediglich die Ruine einer alten Mar-Sargis-Kirche (so die Zeitschrift *Zahrire d-bahra* [»Strahlen des Lichtes«] 67 [1916]; vgl. Macuch, Geschichte, 183). Unter den Syrern in Urmia hielt sich die Ansicht, dass die Kurden eines bei diesem Wald liegenden Dorfes, in dem sich die Ruinen eines heiligen Ortes befanden, syrischer Herkunft seien. Die 12.000 Einwohner der Stadt hingegen seien Schiiten, »hypokritisch und unerzogen«. Zudem gebe es dort 120 jüdische Häuser. Hinsichtlich des Armenierviertels äußern sich die syrischen Quellen zurückhaltend und nur im Kontext der dort lebenden Syrer. Die wenigen Angehörigen beider christlicher Bevölkerungsgruppen sprächen Türkisch. Der nördlich gelegene Ort Uschno, in dem damals 500 kurdische Häuser gezählt wurden, war hundert Jahre zuvor auch noch von Syrern bewohnt worden. Dort gab es die alte syrische Kirche des Mar Abraham.

In Mahabad hatte sich zunächst von 1903 bis 1908 die Deutsche Orientmission niedergelassen. Ihr folgte nun die Hermannsburger Mission. Und die schickte, in Ermangelung eines deutschen Mitarbeiters, Lazarus Jaure, der auf den Vorarbeiten des Missionars Detwig von Oertzens aufbauen sollte.

Die Phase der Deutschen Orientmission in der Stadt ist identisch mit der Wirksamkeit ihres Missionars Detwig von Oertzen (1876–1950) dort. Von Oertzen, zuvor schon in Khoi und Urmia für die Mission in Persien tätig, war im Dezember 1904 frisch vermählt dorthin zurückgekehrt. Nach Aufenthalten in den Stationen in Khoi und Urmia zog das Ehepaar 1905 in die neue Missionsstation in Mahabad. Begleitet wurden sie von ihrem syrischen Diener und dessen Familie und Schwägerin sowie einem zum Christentum konvertierten Juden. Die amerikanische Mission, deren im Judenviertel gelegenes Haus die Deutschen mieteten, hatte dort zuvor nur aus einem syrischen Mitarbeiter bestanden. Von Oertzen begann sofort damit, zunächst die persische Sprache zu erlernen und hatte Pläne für das Erlernen des Kurdischen. Es war sein erklärter Vorsatz, es mit seiner Mission besser zu machen als andere der Missionierung der Muslime sich verschreibende Missionen es getan hatten. In seiner Autobiografie *Ein Christuszeuge im Orient* (Gießen 1961) schreibt von Oertzen: »Wir waren uns darüber klar, daß wir durchaus nicht den Weg gehen wollten, der in der Muhammedanermission immer wieder den Missionaren als verlockend erschienen war, nämlich unter den einheimischen Christen, etwa unter den Armeniern, Syrern oder Kopten zu arbeiten, in der Hoffnung, so allmählich durch sie die muhammedanische Umgebung zu beeinflussen.« (48) Neben den Kurden registrierte er in 60 bis 70 Häusern Juden, die alsbald einen unverkennbaren Schwerpunkt der Arbeit bildeten. Türkische und persische Kaufleute erwähnte er und Syrer in Gestalt einiger weniger syrischer Kaufleute aus Mosul. Im Gottesdienst fanden sich lediglich die ortsansässigen Christen ein: Armenier und syrisch-protestantische Christen aus Urmia oder Mosul, die nur zeitweilig in der

Stadt lebten oder die es hierher verschlagen hatte. Als im September einmal eine Reise von Mahabad nach Urmia gemacht werden musste, waren es drei armenische Kaufleute, die sich zur Verabschiedung der Missionare einfanden. Das dürfte die Größe der noch am Ort verblieben christlichen Gemeinschaften andeuten. Mit Klubabenden zu Allgemeinbildungszwecken erreichte er die männliche kurdische Jugend und gründete einen Bildungsverein und eine Gruppe von Abstinenzlern.

Detwig von Oertzen widmete sich während der ganzen Zeit der Erforschung der kurdischen Sprache. Obwohl Kurdisch die Umgangssprache sei, entstünde Literatur nur in Persisch, daneben wäre über die syrischen und türkischen Kaufleute aus Mosul Arabisch in Gebrauch, sprächen die Juden einen regional gesonderten Dialekt, während die Christen Armenisch und Syrisch sprächen. Oskar Mann, den deutschen Philologen, der als erster eine Grammatik des in Mahabad üblichen Mukri-Kurdischen verfasste, hatte von Oertzen bereits bei seinen Erkundungsritten durch Kurdistan 1903 kennengelernt. Von Oertzen engagierte denselben jungen Mann, Sohn des Richters am Ort, den Oskar Mann für seine Studien als Mitarbeiter gewonnen hatte. Dieser Sprachlehrer begleitete von Oertzen später auch bei seiner Rückkehr nach Deutschland und arbeitete dann in Deutschland weiter an Übersetzungen und der Erfassung der Sprache. Neben der Arbeit an einem kurdisch-deutschen und deutsch-kurdischen Wörterbuch sammelte er Heldengedichte, Liebeslieder, Märchen, Rätsel und Sprichwörter, um einen literarischen Fundus für die dann in Angriff genommene Übersetzung des Markusevangeliums vorzubereiten. Die Übersetzung wurde später vom bedeutenden Göttinger Orientalisten Friedrich Carl Andreas (1846–1930) überarbeitet und schließlich im bulgarischen Philippopel in der Missionsdruckerei der Orientmission gedruckt.

Ganz selbstverständlich versorgte von Oertzen die priesterlosen armenischen Gemeinden. Dabei beschränkte er sich nicht auf die Stadt, sondern begab sich regelmäßig auch in ein Dorf mit einer größeren armenischen Gemeinde ohne Geistlichen, um dort zu predigen. Die orientalischen Christen wussten in der

Zusammenarbeit mit der Mission die für sie geltenden Grenzen einzuhalten. In einem Ort stieg der Missionar zwar bei einem befreundeten Armenier ab und wohnte in dessen Haus, doch für die missionarischen Aktivitäten mochte der Armenier der Mission sein Haus nicht zur Verfügung zu stellen. Die Mission mietete also kurzerhand einen Laden in der Stadt an, von dem aus dann die Arbeit getätigt wurde. Das erschien den Beteiligten so beispielhaft zu sein, dass sie überlegten, ob man dies Verfahren nicht auch in Mahabad selbst kopieren sollte. Andererseits machte von Oertzen seine ersten Übersetzungsversuche zum Neuen Testament mit Hilfe von Armeniern eines Dorfes, die selbst Kurdisch sprachen. Er überschritt also die religiöse und ethnische Grenze. Als von Oertzen die so entstandenen Übersetzungsteile seinem kurdischen Sprachlehrer vorlegte, kommentierte der die Vorlage unter Rückgriff auf die ethnisch-kulturelle Differenz zwischen Armeniern und Kurden. Fehler seien nicht in diesen Übersetzungsstücken enthalten, »aber das haben sicher Armenier dir gesagt, ein Kurde würde so nie sagen«. Von Oertzen begriff dadurch, dass Kurden und Armenier sich aufgrund ihrer ethnischen Zugehörigkeit unterschiedlich in derselben Sprache ausdrückten.

Obwohl die Mission immerhin einen Artikel erscheinen ließ, der den plumpen Verunglimpfungen der orientalischen Christenheit im Zuge der Kaiserreise 1898 wenigstens moderat in einem Artikel »Sind die orientalischen Christen ein moralisch tiefstehendes Volk?« (erschien in *Der christliche Orient* 7 [1906], 22–26) entgegentrat und auf die sozialen und psychischen Ursachen für deren äußeres Erscheinungsbild hinwies, zögerte Missionsdirektor Johannes Lepsius (1858–1926) nicht, aufgrund der nach Europa wandernden ›Nestorianer‹, die hier um finanzielle Unterstützung nachsuchten, das Volk insgesamt moralisch ins Zwielicht zu setzen. Auf sie in der Missionsarbeit zu rechnen sei vollkommen verfehlt wegen ihres Hasses gegen die Muslime und deren hochmütiger Verachtung für die unterworfenen Christen. »Europäer können das Vertrauen von Kurden und Persern gewinnen, eingeborene Christen vermögen die Kluft der Jahrhunderte nicht zu überbrücken« (»Warnung vor kollektierenden Syrern«, *Der christliche Orient* 8 [1907], 103–107, hier 107).

Das Bild von einer sich scheinbar gut entwickelnden Mission zerriss jäh. In der Nacht vom 15. auf den 16. Februar 1907 wurde das Missionshaus von Räubern heimgesucht, die den dort sich aufhaltenden Studenten und Sprachforscher Immanuel Damann ermordeten und den Missionar von Oertzen verwundeten. Damann war seit Sommer 1906 in der Stadt und arbeitete mit von Oertzen an dessen sprachlichen Studien. Von Oertzen meinte, hinsichtlich eines potentiellen Raubüberfalles die nötigen Vorkehrungen getroffen zu haben. Er hatte keinen Hehl daraus gemacht, dass er stets nur wenig Geld im Haus hatte, das er sich jeweils von einem Geschäftsfreund, einem syrischen Kaufmann, holen ließ. Dem Überfall war eine abendliche »Armenierversammlung« – eine Art Bibel- und Gebetsstunde – vorausgegangen. Dann fielen die drei Kurden im Schutz der Nacht in die Mission ein und überfielen zunächst Damann, dann die Schwester Paulat und schließlich erschienen sie bei von Oertzen. Überraschenderweise zogen die Räuber nach Aushändigung der Wertsachen ab, und erst danach wurde die Leiche Damanns gefunden, den der syrische Diener zunächst schlafend wähnte, ehe von Oertzen ihn mit Stichwunden übersät in seinem Bett liegend vorfand. Der herbeigeholte syrische Arzt konnte nur noch den Tod feststellen. Der Leichnam wurde dann nicht auf dem weit vor der Stadt liegenden armenischen Friedhof bestattet, der von Oertzen »trostlos« erschien, sondern gegen hohe Bezahlung auf dem Grundstück der armenischen Kirche unter einem Mandelbaum. Zur Trauerfeier in der Missionsstation sammelten sich die Christen aller Konfessionen aus der Stadt und einige Kurden, Türken und Perser. Die Mordtat zog eine tief greifende Verunsicherung seitens der christlichen Bevölkerung nach sich. Sie und die Ausländer empfänden ihre Existenz in der Stadt als gefährdet, wenn nun nicht gemeinsam seitens der deutschen und der persischen Regierung durchgegriffen würde und die Mörder überführt würden. Zwar verfolgte von Oertzen das Schicksal der Mörder und nahm den Verdacht auf, der leitende Mollah der Gegend habe dazu angestiftet, die »Ausländer zu ermorden«, aber es erwies sich, dass der Vorgang als solcher in den Kontext der politisch instabilen Lage gehörte, die alsbald von der Revolution gekennzeichnet war und das Land erschütterte. In diesem Aufruhr war dann auch das Ende der Mission gekommen, und selbst der kurze Zeit später zu Verhandlungen in der Stadt weilende persische Gouverneur musste vor den sie besetzenden Kurden fliehen. Die Deutschen unterhielten während der Zeit ihrer Anwesenheit Kontakte zu ihrer Sicherheit lediglich zum Gouverneur, der diplomatischen Vertretung des Deutschen Reiches und den persischen Regierungsstellen. Der ausschließliche Kontakt zu den staatlich etablierten Kräften ließ sie die örtlichen Konflikte weithin aus deren Perspektive sehen, trotz des Engagements für die kurdische Sprache. Damit aber erkannten sie die realen Machtverhältnisse nicht. Und während die Mollahs gegen sie hetzten, erklärte von Oertzen dem Gouverneur unzweideutig seine missionarischen Ziele, die aber gerade nicht auf eine schnelle Missionierung ausgerichtet seien, da eine schnelle Konversion nicht substantiell sei. Die großen Aufgaben literarischer Art, Wörterbuch, Grammatik, Übersetzung des Neuen Testaments, Traktat zum Lebensausgang Jesu, seines Todes und der Auferstehung, sowie die geplante Gründung einer kurdischen Schule auf Wunsch der kurdischen Honoratioren, blieben in der Folgezeit unausgeführt.

Die Hermannsburger erbten nicht nur die aufgegebene Arbeit von der Potsdamer Mission, sie teilten auch deren Reserve gegenüber den orientalischen Christen als potentiellen Mitarbeitern in der Mission, obwohl sie seit Jahrzehnten bereits ausschließlich mittels syrischer Priester in der Kirche des Ostens evangelistisch wirkte. Von Oertzen aber wurde immer wieder konsultiert, wenn sich die Dinge anders entwickelten als erhofft. Röbbelens Idee war eigentlich gewesen, Lazarus unter Anleitung eines deutschen Missionars arbeiten zu lassen, doch den gab es nach wie vor nicht.

Auf der Weltmissionskonferenz in Edinburgh 1910 war vereinbart worden, dass die deutsche und die amerikanische lutherische Mission auf dem Arbeitsfeld kooperieren würden. Dazu wurde nun Lazarus Jaure allein entsandt. Er schien gut vorgebildet. Im Studium hatte er sich nicht nur mit Syrisch, sondern auch mit Arabisch intensiv befasst, hatte Koranstudien betrieben und erste Kenntnisse des Kurdischen erworben. Aufgrund seiner umfassenden akademischen Vorbildung war Lazarus ein Ausnahmefall und in seinen Argumenten ist modernes europäisches Denken zu Rasse und Nation wirksam. Zugleich aber war er gerade aufgrund dieser Voraussetzung empfindlicher reagierend als viele andere und konnte schärfer die Konflikte selbstbewusst benennen, denen andere einheimische Mitarbeiter weniger selbstbewusst ausgeliefert waren. Die Arbeit des Lazarus Jaure unterschied sich erheblich von der der Amerikaner am Ort. Während die Amerikaner Konfrontationen bewusst nicht vermieden, setzte Lazarus auf Konvivenz, auf das Mitleben mit den Muslimen, auf einen eher unauffälligen und im gegenseitigen Einverständnis gewährten Eingang in die Strukturen der kurdischen Bevölkerung am Ort. Er folgte damit weithin den Spuren, die von Oertzen hier vor Jahren gelegt hatte. Über die Mission hatte von Oertzen ihm sein Wissen zur Verfügung gestellt und auch seine unter abschließender Mithilfe von Friedrich Carl Andreas erstellte Übersetzung des Markusevangeliums ins Kurdische ihm überlassen.

Charakteristisch für die Umgangsweise des Lazarus Jaure mit den Muslimen am Ort waren seine frühen Begegnungen mit einem Mollah:

»Ich war frisch aus Urmia zurückgekehrt und suchte mich in meiner Wohnung einzurichten, da kam zu mir ein Mollah und machte die üblichen Komplimente. Er hätte gehört, ich käme aus Deutschland; er kenne sehr gut den und den Deutschen, die früher hier gewesen sind [gemeint sind von Oertzen und sein Missionstrupp]; er habe selber sie unterrichtet usw. Dann bot er sich zuletzt an, mich kurdisch zu unterrichten [so war auch von Oertzen an seine Kurdischpartner geraten]. Doch nicht so unvermittelt, sondern er richtete es so schlau ein, daß es mir schwer geworden wäre, auch wenn ich's gewollt hätte, ihn zurückzuweisen.

Nachdem wir nämlich dieses und jenes gefragt und gesagt

hatten – soviel ich eben mit meinen wenigen Kenntnissen des Kurdischen sprechen konnte – sagte er, daß er sehr begierig wäre, ›fränkisch‹ zu lernen [›Fränkisch‹, d.h. ›französisch‹, wird hier alles aus Europa stammende genannt], und ob ich bereit sei, ihm dabei Unterricht zu geben. Ich verstand sofort seine Absicht, daß er nämlich nicht im entferntesten daran dachte, etwa deutsch, französisch oder englisch zu lernen, sondern dadurch nur sich einführen wollte, und bei mir Beschäftigung und Verdienst suchte. Denn er wusste, daß ich kurdisch lernen wollte, und war gekommen, sich mir als Lehrer zu empfehlen. Nun wollte ich auch gerne für einige Zeit einen Lehrer nehmen und fand es sehr günstig, daß sich dieser Mollah ungebeten dazu anbot. Denn ich erkannte, daß es sehr interessant sein musste, eine Zeitlang mit einem Mollah zu verkehren, sowohl der Sprache wegen als auch um Land und Leute besser kennen zu lernen. Ich erklärte mich bereit, ihn in allem, was er wünschte, zu unterrichten. Den nächsten Tag kam er wieder. Ich nahm ein französisches Lehrbuch zur Hand und zeigte ihm das Alphabet. ›O,‹ sagte er, ›das ist sehr schwer, sehr schwer! Ich kann das nicht lernen.‹ Ich verstand das, legte das Buch beiseite, und aus war es mit der französischen Wissenschaft. Ich hatte das ja im voraus gewusst und es wunderte mich deshalb nicht weiter. Nun wechselten die Rollen: er, der erst gekommen, um zu lernen, wurde zum Lehrer, ich, der ich sein Lehrer sein sollte, wurde nun zum Schüler.

Von da an kam er jeden Tag auf eine Stunde zu mir und ich versuchte, bei ihm richtig kurdisch zu lernen. Freilich ist er nicht in der Weise mein Lehrer, daß er mit mir zusammen liest oder mit mir die kurdische Grammatik durchnimmt. Das kann er gar nicht, und besonders für Grammatik haben auch die Gelehrtesten hier kein Verständnis. Ich lernte allein für mich die kurdische Grammatik und suchte das Gelernte im Gespräch mit ihm anzuwenden. Also der Unterricht, den er mir gab, beschränkte sich nur auf Unterhaltungen, was allerdings mich sehr viel weiter brachte, als wenn man nur auf Bücher und auf grammatische Regeln angewiesen ist. Natürlich kamen wir jeden Tag im Laufe unserer Unterhaltung auch auf religiöse Fragen. Ich hatte einen engherzigen, unduldsamen Moslem erwartet, war aber sehr erstaunt, ihn so offen und so herzlich zu finden. Auf wieviel Falsches, wieviel Missverständnis und Verdächtigung des Christentums stößt man, welche Unkenntnis und Voreingenommenheit! Aber auch welche Wärme und Liebe für die eigene Religion! Er sagte mir einmal, er werde niemals nach Europa gehen. ›Warum?‹ sagte ich. ›O, dann würde man mich zum Christen machen, astachfirullah, astachfirullah!‹ [d.h. ›Gott bewahre mich‹ oder ›Gott verzeihe mir!‹]

Ich habe ihm oft aus dem kurdischen Markusevangelium vorgelesen [das von Detwig von Oertzen angefertigte]. Weil ja die Mohammedaner Jesum als Propheten ehren, so hörte er gerne zu. Als ich ihm dann die Leidensgeschichte las, wie die Juden den Herrn gepeinigt, geschmäht und gekreuzigt haben, da rief er in einem fort: ›astachfirullah, astachfirullah!‹ Dann fragte er mich, warum wir Christen nicht alle Juden vernichteten, die solches hätten tun können. Ich sagte, wir erkenneten in jedem Menschen unseren Bruder, ob Jude oder Mohammedaner. ›Ja‹, sagte er, ›so hat's ja hazrati Isa [›Seine Herrlichkeit‹, d.h. Jesus] selbst gewollt und befohlen.‹

Es ist ja einem Nichtmohammedaner nicht erlaubt, wäre auch mit der größten Lebensgefahr verbunden, in eine Moschee zu gehen. Nun bat ich meinen Mollah einmal, ob er mich nicht in eine Moschee mitnehmen könnte. Nein, sagte er, damit würde er sich und mich gefährden. Dann brachte er aber einmal seinen älteren Bruder mit zu mir, der Mollah an der größten hiesigen Moschee ist, und der erbot sich, mich frei in seine Moschee mitzunehmen; in seiner Begleitung könnte uns niemand etwas anhaben. Natürlich dankte ich, verzichtete aber auf einen Besuch. Das zeigt doch, wie diese Leute nach Austausch der Meinungen und gegenseitigem Kennenlernen frei und freundlich werden und den Haß und Verachtung fallen lassen.

So bin ich mit meinem Mollah Freund geworden.« (»Aus Sautschbulak (Persien)«, *Missionsblatt für unsere liebe Jugend* 16 [1913], 2f.)

Lazarus stand also alsbald in lebendiger Interaktion mit seiner neuen Umwelt, fand schnell in Beziehungen mit einflussreichen Vertretern der Bevölkerung hinein. Damit aber verdichtete sich seine Vorstellung davon, wie hier zu arbeiten sei. Es war das nicht unwesentlich bei Becker erworbene Wissen zum Islam und dessen kultureller Nähe zum Christentum, die auf Partnerschaft zielende Intention (die immer noch reichlich Raum ließ für Restbestände des Überlegenheitsgefühls der Europäer im Syrer), die ihn motivierten und ihn Ideen entwickeln ließen. Der konkrete Umgang mit einem Mollah ermöglichte ihm nun die Anwendung seines Wissens und gestattete ihm vorsichtige Entwicklungsschritte, die auf die Besonderheiten christlich-islamischer Koexistenz und der ihr seit Jahrtausenden eigenen Regeln des Miteinanders ebenso Bezug nahmen wie auf die Öffnung für die Welt des Islam als einem empfindlichen Partner, dem doch so etwas wie Gleichwertigkeit wenigstens ansatzweise zugestanden wurde aufgrund seiner Verankerung im selben Kulturraum. »Realisierte Beziehung ist der zentrale Entwicklungsfaktor« (Peter Schellenbaum, 43). Aber just das, worauf zu sich da Lazarus hätte entwickeln können, blieb den Amerikanern vorsätzlich oder unbewusst oder tatsächlich versagt. Dieses Miteinanderleben von Orientale zu Orientale, diese Möglichkeiten einer aus christlich-orientalisch-kultureller Identität gespeisten Empathie standen ihnen nicht zur Verfügung. Lazarus hätte sich gern abgehoben von der Art, in der die Amerikaner wirkten und über ihre kulturelle Fremdheit ihre kulturelle Überlegenheit ausspielten (gerade auch, wenn die einherging mit der Möglichkeit, auf tatsächliche politische Macht zur Demütigung der herausgeforderten Muslime zurückzugreifen). Stattdessen wurde er jetzt »eingemeindet« in einen Missionstrupp, dessen Strategie der seinen zutiefst widerstand.

Voller Tatkraft begann Lazarus Jaure dann dennoch in Mahabad seine Arbeit. Dabei war bereits seine Analyse der durch die amerikanischen Lutheraner gegebenen Situation nicht dazu angetan, in Sautschbulak auf ein eigenständiges und ertragreiches Arbeitsfeld hoffen zu können. Die Planungen der Amerikaner waren umfassend: Hospital, Kirche und Druckerei sollten in einem gemeinsamen Komplex in der Stadt errichtet werden.

Selbst die Schule, die zunächst den Deutschen als Arbeitsgebiet zugestanden worden war, würden sie gegebenenfalls auch selbst übernehmen. »Sonach würde für die deutsche Mission in Sautschbulakh kaum noch Raum bleiben, höchstens könnte sie Helfersdienste tun.« (Röbbelen, »Persien«, 6. September 1912; vgl. HMB 1912, 87f.) Nach Abwägung der Gegebenheiten und dem Aufzeigen vieler Orte für eine künftige eigenständige Missionsarbeit der deutschen Lutheraner zog Lazarus Jaure in seinem Schreiben vom 12. Juni 1912 an Röbbelen für den ersten Moment pragmatische Schlüsse. »Deshalb glaube ich, daß der gewiesene Weg für uns der sein wird: In Sautschbulak übernehmen wir die gesamte Schularbeit, welche uns die Amerikaner auch gerne überlassen wollen. Daneben müßten wir bestrebt sein, sobald wie möglich in Kurdistan eine eigene Missionsstation zu errichten.« Er erbat sich die finanziellen Mittel zum Erwerb eines der möglichen Grundstücke für den Schulbau. Bereits am 17. Juni meldete er sich mit der gleichen Bitte wieder. Die Wahl des Grundstückes wurde dabei seitens des deutschen Komitees Lazarus Jaure und den amerikanisch-skandinavischen Missionaren gemeinsam überlassen. Die letztgenannten jedoch akzeptierten den jungen syrischen Theologen und seine Anschauungen nicht. Wo er um die Gunst der muslimischen Kurden in Aufgeschlossenheit für ihre religiöse Tradition warb, suchten Fossum und Edman Zeichen zu setzen und nahmen auch religiöse Tumulte dafür in Kauf, derer sie sich durch militärischen Schutz zu erwehren suchten.

Wenige Monate vor Lazarus' Eintreffen in Mahabad, im Februar 1912, hatte sich die Situation zwischen den amerikanischen Missionaren und der muslimischen Mehrheitsbevölkerung dramatisch zugespitzt. »Ein unbedeutender Umstand brachte die vorhandene Erregung zum Ausbruch. Pastor Fossum hatte am Eingang des Missionshauses eine kleine Glocke aufgehängt, die zum Beginn des Unterrichts jeden Tag mehrmals geläutet wurde und auch an den Sonntagen die Christen zum Gottesdienst einlud. Einige fanatische Mohammedaner behaupteten nun, das Geläut dieser Glocke sei eine Beleidigung für den Islam, denn dadurch werde das Volk des Propheten Mohammed zum christlichen Gottesdienst eingeladen. Pastor Fossum achtete auf dieses Gerede nicht, und die Glocke wurde drei Wochen lang fort und fort geläutet. Als nun am Montag, den 26. Febr. um 8 Uhr morgens Br. Fossum bei seinem kurdischen Sprachunterricht saß, wurde ihm gemeldet, daß etwa 100 ›Söhne des Propheten‹, junge Leute, die sich in einer Koranschule auf den Priesterberuf vorbereiteten, gegen die Missionsstation heranzögen, um dieselbe zu zerstören. Er schickte zu dem Gouverneur und zu dem türkischen Konsul und bat um militärischen Schutz. Bald kamen drei persische Soldaten, die sich an den Eingängen des Hauses aufstellten: der türkische Konsul aber kam selbst mit zwei türkischen Soldaten. Inzwischen war auch ein Haufe von etwa 200 wilden Gesellen angerückt, an dessen Spitze eine mohammedanische Fahne wehte und einige große Trommeln geschlagen wurden. Die Feinde, bewaffnet mit Flinten, Revolvern und Knüppeln, umstellten das Haus, wagten aber nicht zum Angriff vorzugehen. Der türkische Konsul gebot ihnen, sich zu entfernen, und als sie es nicht gutwillig taten, trieb er mit Hilfe seines Stockes und seiner beiden Soldaten die ganze Heldenschar samt Fahne und Trommel von dannen.« (Röbbelen, »Persien«, ohne Ort und Datum [beim 24. Circular 1912].) Für Fossum ebenso wie für Röbbelen war das Handeln des muslimischen türkischen Konsuls gottgewirkt. »Gott hatte es so gelenkt, daß der rechte Mann zur Stelle war, und es ihm ins Herz gegeben, so tapfer und entschieden und in so uneigennütziger Weise zum Schutz der Missionare und des Missionshauses in die Schranken zu treten.« (Ebd.)

Erschwerend kam hinzu, dass sich die ärmlichen ›lutherischen Nestorianer‹ in einem spannungsvollen Verhältnis zu den privilegierten Ausländern befanden. Schmerzlich war es schon, dass die Hermannsburger nur sehr geringe Gehälter zu zahlen imstande waren. Im Vergleich zu den englischen und amerikanischen Missionaren wurde der Geldmangel als erdrückend empfunden. Pera Johannes schrieb am 2. April 1903: »Wir leben wie ihre Knechte.« Und die jüngeren Theologen der zweiten Generation, die zumeist lange Zeit in Deutschland gelebt hatten, fügten sich nur schwer in die ihnen verordnete Armut.

Gegenüber dem Komitee in Hermannsburg ließen die syrischen Theologen keinen Zweifel an den Folgen der dürftigen finanziellen Ausstattung ihrer Arbeit. »Wenn man mit einer Umgebung nicht Schritt hält, so wird es allmählich lächerlich. Wir sind mit unsern äußerlichen Einrichtungen tatsächlich dahin gekommen, daß die Leute über uns und unsere Mission spotten.« (Brief des Luther Pera vom 12. November 1905.) Aus diesem Grunde stockte die ganze Arbeit. »Wir sind bereit, nicht drei sondern 30 Stationen zu haben, wenn [wir] nur Mittel genug dazu haben.« (Brief des Pera Johannes vom 11. und 24. März 1909.) Von dieser Analyse her betrachteten die syrischen Theologen auch die Entsendung eines deutschen Kollegen als verfehlt. »Falls Sie nicht genügend Geldmittel haben zur Unterhaltung einer höheren Schule, welche mit der Zeit zu einem theologischen Seminar erhoben werden könnte, hat die Sendung eines deutschen Theologen keinen Zweck. Arbeiter haben Sie hier zunächst genug, auch die Arbeit ist reichlich vorhanden, aber keine Geldmittel.« (Luther Pera am 5. Oktober 1907.) Als nun der Norweger Fossum im Auftrag der amerikanischen Lutheraner und in Absprache mit Hermannsburg nach Persien kam, wurde er dennoch erwartungsvoll begrüßt. »Demselben wird gewiß eine Freude sein, uns genauer kennenzulernen.« (Luther Pera am 12. November 1905.) Doch daran zeigte der neue Missionar kein Interesse. Die freudige Erwartung verkehrte sich in Verbitterung und Konkurrenz. Die syrischen lutherischen Theologen fanden bald zu der Meinung, dass »seine Tätigkeit immer im Niederstürzen und nimmer im Aufbau bestanden hat« (Luther Pera am 17. Januar 1907). Als es schließlich für diese Theologen in ihrem Kampf um die Erneuerung der Kirche des Ostens zu der grundlegend entscheidenden Frage der Gültigkeit ihrer in Deutschland bei den Lutheranern erworbenen Ordination für ihren Dienst in der Kirche des Ostens kommt, ließ Fossum sich – wie von der Kirchenleitung der Nestorianer gefordert und alle mögliche Solidarität mit seinen bedrängten syrischen Kollegen außer Acht lassend – von einem Bischof der Kirche des Ostens ein zweites Mal weihen. Die im Stich gelassenen Syrer verstanden dies als ausschließlich politisch motiviert (so

Luther Pera am 20. März 1908). Fossum gehe es nicht um den Glauben oder Luthers Lehre, vielmehr nur um seinen irdischen Vorteil. »Nicht wunder Pastor Fossum hat vor kurzem sich von einem nestorianischen Bischof ordinieren lassen, um sein Geschäft nach Belieben zu treiben.« (Pera Johannes am 29. Januar 1908.) Im Zweifelsfall aber stellte sich das Hermannsburger Komitee nicht hinter seine syrischen Theologen, sondern arbeitete stattdessen vertrauensvoll mit Fossum und seinen Mitarbeitern zusammen – auch in Fragen, die persönliche Vorwürfe gegen syrische Theologen betrafen (so Pera Johannes am 14. Mai 1906 und Luther Pera am 17. Januar 1907). Die Enttäuschung der syrischen Mitarbeiter über die Haltung der Hermannsburger war tief.

Lazarus Jaure wirkte bereits in der für ihn charakteristischen und auf Harmonie bedachten Weise in Mahabad, als der Vorstand des Vereins für lutherische Mission in Persien also darauf verfiel, ihn endgültig in die amerikanische Mission einzugliedern, und zwar nicht als gleichberechtigten Missionar, sondern lediglich als einheimischen Helfer. Es war Jahre zuvor in Mahabad zu Unregelmäßigkeiten bei einem der syrischen Mitarbeiter einer anderen amerikanischen Mission gekommen; jedenfalls sahen die Amerikaner das so. Und die Verantwortlichen bei der deutschen Mission übernahmen das Urteil der Amerikaner, obwohl sich alle mit ihr verbundenen Priester intensiv für den Beschuldigten verwandten, auch und gerade Lazarus Jaure. Bei dem sodann aus dem Missionsdienst der Amerikaner entfernten syrischen Mitarbeiter handelte es sich um Kascha Baba aus Wasirabad, der in Amerika studiert und Abschlüsse in Carlton/Indiana und am Hartford Seminary erhalten hatte und der von der lutherischen Synode in Ohio als Missionar nach Mahabad entsandt worden war. Er hatte fünf Jahre allein für die amerikanisch-lutherische Synode in der Stadt unter Kurden, Persern, Armeniern und Juden gewirkt, ehe er schwer erkrankt nach Urmia zurückkehrte. Dennoch engagierte er sich dort bei der Gründung der Zeitschrift *Kochba* und nahm so eine herausragende Stellung in eben jener nationalen Bewegung ein, der sich Lazarus Jaure verbunden wusste, zumal er zu den treuen

Lesern des von Baba wesentlich mit getragenen Blattes gehörte. Baba wurde zu einem der Redakteure der Zeitschrift gewählt und sein Tod im Juli 1906 nach vierzigtägiger Krankheit löste tiefe Betroffenheit bei den der Bewegung nahe stehenden Menschen aus. »Sein Tod bedeutet eine Nationaltrauer«, hieß es dazu in *Kochba* (Macuch, Geschichte, 208). Dieser ohnehin schon Jahre zurückliegende Fall schürte das Misstrauen bei den Amerikanern, und diese übertrugen ihr Misstrauen nachhaltig auf ihre Partner in Deutschland. Von diesen Zweifeln umgetrieben erschien die Unterstellung des Lazarus unter die amerikanische Missionsleitung dann folgerichtig.

Am 20. August 1912 reagierte Lazarus Jaure auf den Vorschlag des Vereinsvorsitzenden. Er erklärte sich einverstanden, »äusserlich in die amerikanische Missionsorganisation« einzutreten. Zugleich hatte er Bedenken. »Aber durch die Erfahrung veranlasst will ich nicht unterlassen deutlich zu sagen: ich unterstelle mich den amerikanischen Missionaren als älteren Collegen, als erfahreneren Mitarbeitern; ich unterstelle mich ihnen nicht, weil ich Syrer und sie Amerikaner sind, nicht, damit sie Herren sind und ich Handlanger, nicht damit sie befehlen und ich gehorche, nicht damit sie mich beobachten und in jedem Brief ein Bild von mir zeichnen.« Ahnte Lazarus, dass die Hermannsburger immer wieder, wo immer er sich aufgehalten hatte, Informationen über ihn eingezogen hatten? Ahnte er, dass seine Unterstellung tatsächlich in einer Skepsis seiner Person gegenüber begründet war? Ahnte er, dass er fortan nicht mehr als ein hochgebildeter junger Theologe und Orientalist, der sich intensiv jahrelang auf seine Aufgabe vorbereitet hatte, genommen würde, sondern als ein einheimischer Mitarbeiter, der nur zu Handlangerdiensten herangezogen werden sollte? Er hatte jedenfalls schon Erfahrungen mit den Überlegenheitsansprüchen der Amerikaner gemacht. Das machte ihn bedenklich. Würde er nun nicht der gerade erreichten Freiheit wieder beraubt? Lazarus setzte voraus, dass diese ausdrücklichen Bedingungen bei seinem Vorgesetzten Verwunderung und möglicherweise Unwillen hervorrufen könnten. Er hielt seine Forderungen dennoch für unumgänglich. »Aber wer die Missionsbetriebe in Persien gesehen hat, der wird die Notwendigkeit solcher Vorbeugungsmaßregeln wissen. Rassenhochmut hat in der syrischen Urmiamission sehr viel verdorben, Rassenhochmut, nicht weil der innere Wert mehr war, sondern weil das Geld in der Tasche war. Derartigen Rassenunterschied möchte ich in unserer Mission nicht wahrnehmen.« Ausdrücklich ersuchte Lazarus Röbbelen darum, dass der ihm diese unverschleierte Meinung nicht übel nehmen solle. Die Äußerungen zum Rassenhochmut der Missionare zeigen, dass seine grundlegenden Zweifel an der missionarischen Arbeit durch Europäer nicht nur nicht sich erledigt hatten, sondern dass sie durch den Umgang mit den amerikanischen Missionaren neue Nahrung fanden.

Der junge, sensible und kluge Lazarus Jaure war von der neuen Situation, in die er dazu nunmehr nur noch als ein Fossum als Helfer zur Seite gestellter Untergebener geschickt wurde, nicht gewachsen. Er, der schon früh seiner Familie zwecks seiner Ausbildung entrissen worden war, der stets um die Zuwendung Röbbelens buhlte und darum kämpfte, dass Röbbelen einstimmen möge in seine Vorstellungen zu seiner Vervollkommnung, und der doch immer wieder sich nur hinterfragt erfuhr durch Röbbelen, er agierte auch in Mahabad als einer, der schnell Ideen entwickelte in Interaktion mit seiner Umwelt, dessen Ideen aber bei den ihm gegenüber auf ihrer Vorrangstellung pochenden Europäern nicht verfingen. Er verließ die Missionsstation, auf der seine Arbeit nicht geachtet wurde. Röbbelens Kommentar enthielt wiederum eine deutliche Parteinahme gegen Jaure: »Unser Bruder Lazarus hat sich durch verschiedene Umstände bewegen lassen, vorläufig wieder nach Gogtapa in sein Elternhaus zurückzukehren.« (»Persien«, 6. September 1912.) In dieser Zeit befasste sich Lazarus Jaure aber dennoch unverdrossen weiter mit seinen Plänen hinsichtlich der Kurdenmission, lernte Kurdisch und hielt in Urmia für seinen dortigen Kollegen aushilfsweise den deutschen Gottesdienst. Von Hermannsburg bekam er hingegen die unmissverständliche Weisung, dass er auf die Station zurückzukehren habe. »Wir hoffen, daß er bald wieder in Sautschbulak sein wird, und daß er nach Erlernung der

Sprache eine gesegnete Arbeit unter den Kurden findet. Dazu wolle ihn der Herr ausrüsten mit Kraft von oben!« (Röbbelen, »Die Reise des Pastors Lazarus Jaure«, *Missionsblatt für unsere liebe Jugend* 15 [1912], 3.) Und tatsächlich fand sich Lazarus Jaure dann trotz der demütigenden Umstände wieder in Sautschbulak ein, und Röbbelen konnte bereits am 20. November 1912 wieder über seine Arbeit dort berichten. Er sei dort »zunächst als Gehilfe in die Arbeit der amerikanischen lutherischen Missionare« eingetreten. Damit wurde geschickt seine Degradierung zu einem unselbständigen ›Helfershelfer‹ umschrieben. Der begabte Theologe wurde so weit gedemütigt, dass er gar nicht mehr als theologischer Mitarbeiter ernst genommen wurde, sondern wie die einheimischen Kräfte, die sein Vater und die anderen lutherisch-nestorianischen Priester als Lehrkräfte anstellten, zum Schuldienst abgestellt. »Es soll in diesem Winter in ihrer [!] Schule den kurdischen Kindern Unterricht geben.« Nicht einmal die Leitung der Schule war ihm oder der deutschen Mission verblieben.

Dennoch vermittelte Lazarus den Eindruck, als sei er mit der Situation zufrieden (so etwa im Brief vom 3. November 1912). Sein Misstrauen aufgrund der Gerüchte über die Amerikaner wich. Es werde in Vertrauen verwandelt durch den von allen Mitarbeitern der Mission aufgestellten Grundsatz, »dass ein jeder gewertet wird nach dem, was er leistet und vor allen Dingen nach der Treue, die er seinem Berufe beweist« (Brief vom 8. Januar 1913). In dieser Auffassung glaubte sich Lazarus mit den amerikanischen Kollegen und dem deutschen Missionsvorstand einig. Als er sich jedoch aus gegebenem Anlass dieser Grundlage bei einem seiner amerikanischen Kollegen versichern wollte, entgegnete dieser ihm, dass sich die Amerikaner als »foreigner missionaries«, ihn aber als »native worker« betrachteten, »dass sie also tatsächlich ›Herren und ich Handlanger‹ [seien], dass sie ›zu befehlen und ich zu gehorchen‹« hätte (ebd.). Er fühlte sich in seinen Vorahnungen bestätigt, reagierte heftig und empfand sich »einfach niedergeschlagen«. Ihm sei das Herz zusammengepresst worden, sein Arbeitseifer sei lahm gelegt. »Und warum das? Warum diese Schranke? Sie sind Amerikaner und ich Syrer – in dieser ›nationalen Unterscheidung‹ ist alles gefasst, und man sollte sie durch keine Wendungen und Drehungen zu beschönigen und umzudeuten versuchen.« Ausführlich setzte er sich mit der Begründung seiner untergeordneten Stellung auseinander. Weil er Syrer, sie aber Amerikaner seien, darum könnten sie ihn nur als »native worker« ansehen. »Ist das nicht nationale Verachtung und Geringschätzung? Soll auch in der Mission die vorgegebene nationale Vorzüglichkeit nicht weichen?« Der Geringschätzung der Amerikaner stellte er trotzig und selbstbewußt entgegen: »Im übrigen: mit Stolz bin ich Syrer und Gott sei Dank, dass ich es bin.« Sein Vater genieße als Priester der Kirche des Ostens hohes Ansehen. Daraus gewann er ein weiteres Argument. »Ferner: sind sie *Amerikaner*, so habe *ich* einen Vater, dem jeder, der zu ihm kommt, die Hand küssen muss.« Er, der stets von Unterstützungen anderer Geldgeber hatte sein Studium finanzieren müssen, wurde nun schmerzlich vom amerikanischen Missionsarzt Dr. Edman auf seine Armut hingewiesen. »Wir haben für unser Studium Geld bezahlt, Sie nicht.« Lazarus beschränkte sich auf die schlichte Mitteilung dieses Arguments, weil er glaubte, das spräche für sich und dokumentiere die amerikanische Haltung zur Genüge. Dass derselbe Amerikaner gar davon ausging, dass die Amerikaner »mehr Fähigkeiten« besäßen, »die bei den ›Eingeborenen‹ nicht zu finden wären«, konnte Lazarus gar mit einem »Relativ ist das ja ganz richtig« aufnehmen, um dann aber das Argument gegen seinen Gesprächspartner zu wenden, dessen Arbeit darunter leide, dass er sich nicht imstande sah, das Kurdische zu erlernen. »Ich, ein Syrer, musste ihm oft Dolmetscherdienste tun.« Auch ein Syrer könne amerikanische Fähigkeiten der schärfsten Kritik unterziehen. Amerikanische Fähigkeiten gestand er zu, aber anderen sollten deren Fähigkeiten doch nicht abgesprochen werden. Schwererwiegend war das amerikanische Argument, sie selbst seien treu, aber den »›native workers‹ gehe das Verantwortungsgefühl ab«. Selbst diesbezüglich musste Lazarus Jaure der auch ihm bekannten Vorfälle wegen ein relatives Recht zugestehen. Er frage sich aber: »kann man deshalb auch mir die Treue absprechen?« Es gehe ihm nicht einfach um die

Befriedigung seiner Ansprüche, sondern sein Problem sei die »nationale Geringschätzung«, vor der er sich »grundsätzlich entschieden verwahren möchte«. Diese Geringschätzung sei es, die jede Zusammenarbeit unmöglich mache. Diese Haltung der Amerikaner habe zur Folge, dass man in Urmia ganz allgemein Mission und Betrug in eins setze. Lazarus scheute sich nicht, die gleiche Stellung für sich zu beanspruchen, die ein Amerikaner einnehmen würde, der in die Region käme. Wie leicht hingegen Lazarus menschlich zu gewinnen war, zeigte eine von ihm selbst berichtete Episode, in der sich die Frau des Missionsarztes beklagte, weil er sich nicht die Zeit nahm, bei einem Besuch sich kurz zu setzen. Als er erwiderte, erst müsste aus dem Weg geräumt werden, was im Weg stünde, antworte sie lachend nur »all right, all right« und er fasste wieder Vertrauen und fühlte sich wieder anerkannt. Solche Gespaltenheit war eine auch anderenorts feststellbare Konsequenz der Doppelorientierung im Blick auf die europäische Moderne und die Erneuerung des ethnischen Selbstbewußtseins. Im Blick auf die Europäer sehnte man sich danach, von ihnen anerkannt zu werden, und nahm dafür auch Überanpassung in Kauf; im Blick auf die eigene Ethnie entwickelte sich ein Stolz, der einen fruchtbaren Boden für die werdenden Nationalismen abgab.

Die Lazarus zugestandene Position als Lehrer überschritt er nunmehr eigenmächtig, indem er gegen Bezahlung der kurdischen Elite Unterricht erteilte. Die Einnahmen verweigerte er der Mission mit Hinweis auf seine Ausgaben für Forschungsliteratur und sein wesentlich kleineres Gehalt im Vergleich zu dem der Amerikaner. Auch dieser Umstand führte in eine heftige Kontroverse mit den amerikanischen Missionarskollegen und der deutschen Leitung. Der Konflikt ging einher mit dem schon erwähnten grundlegenden Unterschied in der Missionsmethode, der dann auch Anlass zum Bruch zwischen deutscher und amerikanischer Mission nach dem Krieg wurde, als die Deutschen schwerpunktmäßig ärztliche Mission betrieben. Doch in dieser frühen Phase waren sich die deutschen Verantwortlichen dieser Dimension noch nicht bewusst und sahen das Problem vorrangig als das eines »einheimischen Mitarbeiters«. Lazarus Jaure wurde auf eigenen Antrag schließlich aus der Mission entlassen, weil diese seinem Wunsch, sich gegen die amerikanischen Missionsmethoden zu verwahren, nicht entsprechen mochte.

Politisch konnte Lazarus von großen Veränderungen in der Stadt berichten, aus der offensichtlich die türkischen und persischen Militärs, die noch vor kurzem die Mission gegen eine aufgebrachte Menschenmenge verteidigt hatten, abgezogen waren. Russen zogen mit 30 Kosaken und einem Konsul in die Stadt ein und setzten sich dort fest. Die Konfessionszugehörigkeit des Konsuls zu den Lutheranern erlaubte von vornherein ein hilfreiches Miteinander und Schutz für die Mission. »Wir fühlen uns jetzt viel sicherer. Man wird in diesem Lande immer von Kriegsgerüchten und anderen glaublichen und unglaublichen Mitteilungen so beunruhigt, daß man es als Beruhigung empfindet, einen russischen Konsul in der Nähe zu haben.« Trotz des erneuten Einsatzes von Lazarus Jaure suchte das Komitee nun wieder verstärkt nach einem deutschen lutherischen Theologen, da die syrischen Theologen nun als Helfer für die eigentlich nur durch Europäer gültig zu leistende Arbeit angesehen wurden. »Nun fehlt uns noch der deutsche Missionar, den wir für dies Missionsfeld nötig haben.« (Karl Röbbelen »Persien«, 2. Februar 1911, 19. Circular vom 8. Februar 1911.)

Der Balkankrieg hatte zwischenzeitig tausende religiös fanatisierte Kurden aus Sautschbulak in türkische Dienste gezogen, »im Eifer für die Religion zum Kampfe« (Röbbelen, »Der Balkankrieg und die Kurden in Persien«, *Missionsblatt für unsere liebe Jugend* 16 [1913], 2f., hier 2). Bei ihrer Rückkehr entlud sich der Hass der Geschlagenen gegen die Christen in Greueltaten. Lazarus Jaure berichtete davon, dass die Fanatisierten auch vor Europäern und Persern nicht Halt machten. »Ein Belgier, der vor ein paar Tagen durch Sautschbulak nach Särdäscht reiste, um dort eine amtliche Zollstation zu organisieren, ist mit 4 persischen Soldaten unterwegs von Kurden ermordet worden. Die Leichen wurden nach Sautschbulak gebracht, die 4 Soldaten hier beerdigt, die Leiche des Belgiers aber nach Täbris transportiert. Auch dieser Mord ist auf den Einfluß des Balkankrieges zurückzuführen und der durch die Niederlage der Türkei entflammten Wut der Kurden gegen die Christen zuzuschreiben.« (Ebd.) Schlimmeres verhütete allein die Gegenwart der russischen Truppen.

Nicht nur persönliche Willkürakte wie die willentlich betriebene Zerschlagung seines Französisch-Unterrichts hatte Lazarus Jaure von seinen ihm vorgesetzten Missionarskollegen zu erdulden, sondern er befand sich nunmehr dauerhaft in einer ihn persönlich erniedrigenden Stellung. So stand er mit seinem Gehalt von jährlich 300 Tuman minderbemittelt an der Seite von Missionaren, die 1000 bis 1500 Tuman verdienten, und fragte am 5. April 1913 das deutsche Komitee ganz offen: »Womit kann es begründet werden[?] [...] Ich will alle Schwierigkeiten um der Mission willen auf mich nehmen, aber muss ich darum von Schulden leben? Jährlich 500 Tuman sind die unterste Grenze, mit der ich in Sautschbulak auskommen kann.« Röbbelen warf ihm daraufhin vor, ihm sei »die Verkündigung des Wortes Gottes nicht eine Herzenssache, sondern mehr eine Geschäftssache«, ihm brächte wohl »der geistliche Beruf nicht genuegend Geld ein«, und er gäbe sich »mit der bescheidenen Stellung«, die er nun einmal einzunehmen habe, »nicht zufrieden« (so referiert Lazarus das Antwortschreiben Röbbelens in einem Brief vom 4. November 1930). Und tatsächlich litt natürlich das in der Ausbildung so geförderte Selbstbewusstsein des Syrers an der schmachvoll herabwürdigenden Position, in die er hineingezwungen wurde. »Hier will ich noch im allgemeinen bemerken: es ist ein großer Irrtum, zu denken, ich lebe von der Gnade der Mission. Und ich halte es für Schimpf und unter meiner Würde, dass selbst eine Frau wie Frl. v.d. Schulenburg, die weder Volk noch Methoden der Mission kennt, über mich zu bestimmen hätte. Oder will man die Mission zu einer Cliquenwirtschaft herabwürdigen?« (Brief vom 5. April 1913, hieraus auch alle folgenden Zitate.) Eindeutig charakterisiert er die Verhaltensweisen seiner Missionarskollegen als verfehlt. So bemängelt er den Umgang mit den Finanzen als »Herabwürdigung der Mission durch eine Schuldenwirtschaft, die ebenso wie alles andere zum Stadtgespräch geworden war. Die Frist von einer Schuld von 1.200 Tuman (15%) ist seit 5 Monaten verstrichen – unausgesetzt wird die Rückzahlung verlangt, bis jetzt umsonst. Der Gläubiger wollte die Sache der amerikanischen Regierung vorlegen!« Die Folgen des Fehlverhaltens in dieser und vergleichbaren Situationen seitens der Missionare waren in der Wahrnehmung des Lazarus Jaure ein »schlechter Ruf« und »Unbeliebtheit« durch »Ungeschicktheit [...] verbunden mit einer Methode der Unverträglichkeit«. Selbst die einheimischen Christen – unter denen auch einige Syrer waren – habe man abgeschreckt. »Dies fällt um so greller in die Augen, wenn man bedenkt, dass Freundschaftlichkeit und innige Liebenswürdigkeit zum Grundcharakter der Kurden gehören. Alles Volk Sautschbulaks seufzt nach Pastor von Oertzen, dessen Güte und Ernst in ehrenvollem Andenken steht.« In der Sicht Lazarus Jaures jedenfalls handelten die neuen Missionare nicht im Geist von Oertzens. Ausdrücklich lehnte er es ab, »Verfehltheit, Schädlichkeit und Unwahrhaftigkeit derselben auf sich [zu] nehmen«. Auch äußerlich distanzierte er sich von den lutherischen Missionaren dort, indem er zu seinem Vater in dessen Gemeinde zurückging. »Ich meinerseits halte es für unaufrichtig, weiter in dieser Mission zu arbeiten und bleibe vorläufig in der Gemeinde meines Vaters tätig bis ich Ihre Vorschläge erhalte, die gewiß die Reinigung des angesammelten Unrats zum Ausgangspunkt haben werden.« Doch in Hermannsburg schenkte man eher den Missionarskollegen auf der Station als dem jungen Syrer Gehör. Verzweifelt bemühte er sich um die Zuwendung und Solidarität der Hermannsburger Missionsleitung. »Sie nennen das Nebensachen. Aber ein Missionar, der bis dahin des Vertrauens seiner Leitung bar ist, ist unwürdig, Missionar zu sein.« Dabei formulierte er deutlich seine Konditionen für seinen Verbleib in der Missionsarbeit gegenüber Röbbelen:

»Bei aller innigen Hochachtung vor Ihrer Person und bei aller Liebe für die Mission kann ich nicht umhin so zu schliessen:

1. Man gebe mir Arbeitsmöglichkeit

2. Man zwinge mich nicht in unwürdige Stellungen hinein

3. Man gebe mir angemessene Unterhaltung.

Ohne dieses werde ich zu einem Schritt gezwungen, dessen Verantwortung mir bewußt ist. Es bliebe mir eben dann nur dieser Ausweg übrig, d.h. ich müsste mein Lebensopfer, das ich für die Mission und für Gottes Reichswerk gebracht habe, hinopfern. Ich bitte aber Gott, dass er alles zum Besten lenken wolle, damit nur sein Reich gebaut und sein Name verherrlicht werde.« In Hermannsburg erachtete man die von Lazarus Jaure gelieferten Informationen zu Missständen auf der Station für »Klatsch« und »unbewiesene Behauptungen«, die nicht durch Beweise zu erhärten seien. Wirkte da bei Röbbelen womöglich weiter nach, dass er meinte, Lazarus einst der Lüge überführt zu haben? Meldete sich diese Erfahrung nun als grundlegende Skepsis gegenüber Lazarus und dessen Sicht zu Wort, zumal hier das Wort eines Syrers gegen die Sicht und Arbeitsweise von lutherischen Amerikanern stand, denen man sich in Hermannsburg geistesverwandt fühlte?

Lazarus Jaure sprach weiterhin davon, dass die Arbeit der Mission »eine so trübe Wendung eingenommen« habe. Das Komitee machte es ihm durch die Stellung, in die es ihn »hineinzwingen« wolle und »durch die Forderungen«, die an ihn gestellt würden, »direct unmöglich, in Sautschb[ulak] als Missionar persönlich weiterzuarbeiten«. Eindringlich hielt er an der Unmöglichkeit eines gedeihlichen Miteinanders mit den sich so wenig einfügenden Missionaren fest. »Es ist mir unmöglich, in einem Missionsbetrieb mitzuarbeiten, der in seiner jetzigen Zusammensetzung für die Mission nur schädigend wirken kann. Und seien Sie vergewissert, solange das Geschwür nicht geheilt ist, ist ihre ganze Arbeit umsonst.« Er zögerte nicht, seine Verwunderung darüber mitzuteilen, dass ihm gegenüber von »unbewiesenen Beschuldigungen« gesprochen werde, während man zugleich dem Beschuldigten, Pastor Fossum, Gehör und Glauben schenke. »Es ist auch unrichtig, wenn Sie von ›Klatsch‹ reden, der aus der Bosheit erzeugt worden wäre. Die Bevölkerung hat mit eigenen Augen gesehen und mich hat es angeekelt alles anhören zu müssen. Wieder aber: es mag alles grundlos und falsch sein, doch ist meine Meinung, räumen Sie das Ärgernis hinweg, reissen Sie das liebe Auge aus – oder heilen Sie es. Bis dahin ist meine Mitarbeit meinerseits ausgeschlossen.« Gegen die erschreckend abwegige Funktion, die ihm als christlichen Syrer bei den unter den islamischen Kurden arbeitenden Missionaren seitens des Komitees als eines »Eingeborenen« und »Helfers« zugedacht war, verwahrte er sich entschieden. »Die Stellung, in die Sie mich nun versetzen wollen, entgegen der, in der ich anfänglich in die Arbeit eingetreten war, ist für mich unannehmbar. Es widerspricht meiner Ausbildung, meiner Aussendung und allerdings auch meiner Person. Diese Unterstellung als ›eingeborener Helfer‹ – es handelt sich nicht um Unterstellung überhaupt – ist für mich ganz ausgeschlossen.« (Brief vom 7. Juni 1913.) Lazarus Jaure empfand die durch die Missionsleitung geschaffene Situation als Zwangslage. »Kann der Vorstand bzw. Ausschuss auf diese Punkte nicht eingehen, so bin ich gezwungen, die Mission in Sautschbulak aufzugeben – und bitte in diesem Fall um meine Entlassung aus den Missionsdiensten.« (Ebd.) Eindringlich erbat er Gehör für sich und sein Anliegen. »Doch bitte, mich recht verstehen zu wollen, denn immer merke ich, dass das, was ich schreibe, unbeachtet bleibt, und Sie nur gewissen Leuten Ihr Ohr leihen.« Selbst diese Appelle blieben unbeachtet. Zu deutlich hatte er sein Verbleiben selbstbewusst mit Bedingungen verknüpft. »Ich bin bereit, die Arbeit in S. wieder aufzunehmen, wenn ich [...] einiges Entgegenkommen finde.« In aller Klarheit drängte er darauf, zu einer raschen Entscheidung des Komitees kommen zu wollen. »Ich darf wohl auf Ihre baldige Antwort hoffen, dass Sie entweder meine Wünsche anerkennen, oder meine Entlassung gewähren, damit ich selber weiß, was ich zu tun habe.« (Ebd.)

Am 12. August 1913 teilte Karl Röbbelen dann im 31. Circular dem Komitee die entsprechenden Beschlüsse des Vorstandes zu den Anfragen seines syrischen Missionars mit. »Dem Vorstand lag ein Gesuch des Pastors Lazarus Jaure vor, der seine Entlassung aus dem Missionsdienst forderte, wenn seine Anträge, einen höheren Gehalt und eine von dem amerikanischen Missionsrat in Satschbulak unabhängige Stellung zu erhalten, nicht gewährt würden. Der Vorstand gewährte ohne Bedenken die Entlassung des bisherigen Missionsarbeiters, der die auf ihn gesetzten Hoffnungen nicht erfüllt hat.« Damit ignorierte der Vorstand die eher gemäßigt zu nennenden Gehaltsforderungen des Lazarus und seine ausdrückliche Beteuerung: »es ist unwahr zu behaupten, dass ich selbständig neben den amerikanischen Missionen dastehen wollte, oder dass ich mich keiner Leitung unterstellen wollte« (Brief vom 7. Juni 1913). Doch im Zweifelsfall zwischen europäischen bzw. amerikanischen und eingeborenen Missionaren – wobei man die letzteren auch nur noch als »Helfer« sah – schenkte man den ersteren Gehör. Unter Beibehaltung des Vorwurfs, Lazarus Jaure habe sich nicht der amerikanischen Mission anschließen wollen, das Arbeitsverhältnis sei ihm zu »drückend« erschienen und er habe stattdessen »selbständig« arbeiten wollen, zog Röbbelen die seines Erachtens nötigen Konsequenzen. »Wir erkennen daraus, daß wir uns an der Missionsarbeit in Sautschbulak erst dann in rechter Weise und erfolgreich beteiligen können, wenn wir einen deutschen Missionar in das Missionsfeld hinaussenden.« (HMB 1912, 23.) Damit bestätigte das Komitee, was von vornherein zu seinen Grundanschauungen gehört hatte. Bereits auf der Spezialkonferenz zur Kurdenmission, die sich an die Allgemeine evangelisch-lutherische Konferenz vom 15. bis 17. November 1909 in Hannover angeschlossen hatte, hatte Röbbelen im Verbund mit Fossum die Anstellung eines deutschen lutherischen Theologen in Urmia als unbedingt notwendige Etappe angesehen, wenn die lutherische Arbeit in Persien ihren Zweck erreichen wolle (Röbbelen, »Die lutherische Evangelisationsarbeit in Persien«, 23. November 1908 [2. Circular]; »Die von den deutschen und amerikanischen Lutheranern betriebene Missionsarbeit«, 1. Circular, 1909). Noch deutlicher hatte es das Vorstandsmitglied Maurer formuliert: Deutsche Missionare seien die »Vorbedingung« für eine Mission unter den Mohammedanern, »denn mit syrischen Arbeitern allein ist bei den Mohammedanern nichts zu erreichen. Die Christen sind in Persien das schwächere, besiegte Volk; sie sind auch durch den langen Druck vielfach moralisch geschädigt. Meist ist der Mohammedaner zuverlässiger und sauberer als der Syrer. Unter europäischer Leitung aber würden gewiss auch Syrer, besonders nicht unmittelbar in ihrer Heimat, wertvolle Missionarsdienste tun können.« (»Bericht über die Visitation in Persien« vom 27. Januar 1910 [10. Circular, 28. Juli 1910], 4.) Dem Selbstbewusstsein eines hochgebildeten Syrers wie Lazarus Jaure konnte mit solch einem Denken freilich nicht Rechnung getragen werden. Dazu hätte es dann schon der Anerkennung seiner Gleichwertigkeit bedurft.

Der am 5. Juli 1914 feierlich nach Sautschbulak als erster europäischer Missionar abgeordnete Georg Hippolyt Bachimont (1878–1921) musste kriegsbedingt seine Reise in Konstantinopel unterbrechen und auch weitere Versuche während des Krieges führten nicht zum Ziel (NLMP 2,3 [Juli 1915], 11). Heftige Kämpfe zwischen Russen und Türken tobten um die Stadt (NLMP 2,4 [1. September 1915], 13). Der russische Konsul, ein finnischer Lutheraner, fiel in die Hände der Kurden und »wurde in hundert und mehr Stücke zerrissen und zerschnitten«, der »Gouverneur wie ein Hund erschossen«, »Tausende verloren ihr Leben« (NLMP 3,1 [1. Januar 1916], 4). Der Kopf des Finnen »wurde später in Urmia als Siegestrophäe auf einer Stange umhergetragen« (ebd., 2). Das Waisenhaus blieb nur deshalb halbwegs verschont, weil es den Kurden gegenüber als »deutsches Haus« ausgewiesen wurde (ebd.). Doch nahmen die Plünderer der Schwester dort alles Geld ab. Der seit Beginn der Arbeit im Dienst der Mission stehende Lehrer Schmuel, der vom Judentum zum Christentum übergetreten war, »wurde auf Anstiften seiner Feinde von einigen Türken überfallen und getötet« (ebd., 3). Bei der Rückkehr der Russen wiesen diese die Schwestern über Schweden nach Deutschland aus. Bei blendendem Sonnenlicht führte deren Abzug über die schneebedeckte Ebene durch eine Wüste zerstörter Dörfer voller Massengräber (ebd.). Die Witwe des ermordeten Lehrers übernahm anstelle der ausgewiesenen Schwestern die Pflege der Waisenkinder in einem angemieteten Haus in Täbris (ebd., 4). Zeitweilig wurden 500 bis 700 Armenier in der Missionsstation versorgt (ebd., 2). Die Missionsstation konnte erst nach dem Krieg ihre Arbeit regulär und dann unter der Leitung des Hermannsburger Missionars Bachimont wieder aufnehmen.

»Jetzt will ich Sie nur bitten, zu helfen.«

Dem Völkermord entronnen und Hilfe organisierend

»Wir Geretteten
Aus deren hohlem Gebein der Tod schon seine Flöten schnitt,
an deren Sehnen der Tod schon seinen Bogen strich –
Unsere Leiber klagen noch nach,
mit ihrer verstümmelten Musik.«
Nelly Sachs (*Fahrt ins Staublose*, Frankfurt a.M. 1961, 50.)

»Was übrigblieb, war der Mensch selbst – verbrannt vom Schmerz und durch-
glüht vom Leid, wurde er eingeschmolzen auf das Wesentliche in ihm, auf das
Menschliche.«   Viktor Frankl (98f.)

Im Frühjahr 1916 traf ein Brief des Lazarus Jaure bei Röbbelen
in Hermannsburg ein, der zu einem Geschehen Zeugnis ablegt,
um dessen Anerkennung als Völkermord die syrischen Christen bis heute kämpfen. Der Brief wurde in Schweden abgefasst. Er ist auf Briefpapier eines Hotels in Stockholm am 24.
Mai 1916 geschrieben. »Hochgeehrter Herr Pastor!«, beginnt
Lazarus seinen Brief an seinen einstigen Vorgesetzten. »Durch
die zwingende Forderung meines Vaters und eigenes Pflicht-
bewusstsein bin ich veranlasst worden, meine Arbeit in Russland aufzugeben und hierher zu reisen.« Diese Reise muss recht
dramatisch gewesen sein und ihr müssen Erlebnisse des Syrers
vorangegangen sein, die ihn zeitlebens nicht mehr in Ruhe ließen. Wir wissen das, weil er späterhin zunächst in Amerika und
dann in Deutschland versuchte, seine Erlebnisse in der Kriegszeit und seine Augenzeugenschaft zum Schicksal seines Volkes
in Buchform zum Druck zu bringen. Die Begleitbriefe sind noch
erhalten, aber leider ist das Buch, dem die Amerikaner den
Druck verweigerten, verschollen. Noch in Amerika hatte man
Lazarus Jaure geraten, sich an die deutschen Stellen zu halten,

da in Deutschland das Buch sicher auf größeres Interesse stoßen werde. Das Buch trug den Titel »Meine Erfahrungen und Erlebnisse in Persien waehrend des Weltkrieges«. Eingereicht hatte Lazarus Jaure es zunächst am Lutheran Publication House in Philadelphia. Dort war man von dem Werk angetan. Auch Pastor Moltzahn in Philadelphia äußerte sich zustimmend zu dem Buch. Er war es, der Lazarus Jaure wegen der potentiellen deutschen Leser nach Deutschland verwies. Der diesbezügliche Begleitbrief, den Lazarus Jaure dazu am 8. Mai 1932 verfasste, ist noch erhalten. Das Buch aber blieb bisher unauffindbar. Ein schmerzlicher Verlust für die schwer anhand der erhaltenen Quellen zu rekonstuierenden Vorgänge während des Ersten Weltkrieges in Urmia. Aber etwas von dem, was dort mit dem Buch verloren gegangen ist, findet sich teilweise und unmittelbarer an das Geschehen anschließend auch in den Briefen.

Anders als Lazarus Jaure selbst übrigens, der sich noch vor dem Weltkrieg mit seinem deutschen Arbeitgeber, der Hermannsburger Mission, überworfen hatte, blieb sein Vater, der Priester der Apostolischen Kirche des Ostens in Gogtapa war, mit den Hermannsburgern in Verbindung. Er war ein angesehener Mann, der später nach seiner abenteuerlichen Flucht über Bombay und den Irak und einigen Jahren in Amerika als Priester wieder in seine Heimat zurückkkehrte und dort ein letztes Mal seine Gemeinde aufbaute. Vor Jahren wurde dort sein Grabstein gefunden, der das Jahr 1938 als sein Sterbedatum auswies. Vor dem Hintergrund des engen Briefkontaktes seines Vaters zu Röbbelen ist die nächste Bemerkung des Briefes zu lesen. »Ich hätte Ihnen gerne meines Vaters eigenen Brief vorgelegt, aber leider konnte ich den Brief nicht über die Grenze bringen und muss mich damit begnügen, ihn Ihnen inhaltlich mitzuteilen.« Und nun nimmt uns Lazarus Jaure mit hinein in das Ergehen der syrischen Christen von Gogtapa während des Krieges.

»Mein Vater hat die in Gogtapa niedergebrannte Kirche wieder ganz herstellen lassen und verspricht sich das beste für den Fortgang der Gemeinde, da sie von unserem jungen Patriarchen, der auf seinem früheren Standpunkte entschlossen festhaltend, das grösste Ansehen allseitig geniesst, beschützt wird. Er hat die sichere Hoffnung, dass die Arbeit, für die er sein ganzes Leben gearbeitet hat und auch weiterhin alles daransetzen wird, nach dem Sturme um so gesegneter und wirkungsreicher sich entfalten kann. Und so arbeitet er jetzt noch unter allen Schwierigkeiten unverzagt und getrost daran weiter. Er bittet Sie, wenn irgend möglich, ihm wenigstens sein zurückstehendes Gehalt oder auch nur einen Teil dessen[,] sei es durch eine schweizerische oder eine schwedische Mission, zukommen zu lassen, damit er im jetzigen kritischen Augenblick auch materiell für den Bestand der Kirche und Gemeinde sorgen könne.«

Seit Kriegsbeginn schon war der Geldtransfer von Deutschland nach Persien in die Urmia-Region schwer und seit den Vorgängen im Jahr 1915 schier unmöglich geworden. Dies erklärt das ausstehende Gehalt. Im Juli 1915 etwa noch teilte Röbbelen seinen Lesern mit, dass der deutsche Botschaftsprediger in Konstantinopel ihm am 26. Mai 1915 geschrieben hatte, um ihm mitzuteilen, dass der deutsche Gesandte in Teheran, Prinz Reuß, dem amerikanischen Botschafter 1500 Reichsmark zur Auszahlung an die syrischen Mitarbeiter der Hermannsburger überlassen hätte (NLMP 2,3 [Juli 1915], 9–12). Einen anderen Weg gab es nicht mehr. Aber was war es um die niedergebrannte Kirche? Am 3. Juli 1915 berichtete der Syrer Luther Pera nach Deutschland (von Röbbelen in NLMP 2,4 [1. September 1915], 14–16 in Auszug veröffentlicht). Mitte Dezember seien die Russen aus Urmia abgezogen. Viele syrische Christen hätten mit ihnen die Region verlassen. Am 2. Januar waren alle Russen fort. Am 3. Januar, einem Sonntag, seien »alle Christen schutzlos der fanatischen Wut der mohammedanischen Bevölkerung preisgegeben« gewesen. »Alle christlichen Dörfer und Häuser in Dilguscha und um Urmia herum wurden ausgeplündert, alle Männer, Frauen und Kinder ihrer Kleider und ihres baren Geldes beraubt. Alle Männer und jungen Leute aus den Dörfern, welche etwas weiter von der Stadt entfernt waren, wurden von Mohammedanern niedergeschossen. Sobald die Kurden von der mohammedanischen Stadtbevölkerung sichere Nachricht erhalten hatten, daß die Russen fort seien, überschwemmten sie das Land. Gogtapa, wo Leute aus 20 christlichen Dörfern

Schutz gesucht hatten, wurde durch den Heldenmut des amerikanischen Missionsarztes Dr. Packard und zweier syrischen Jünglinge, des Joseph Khan und des Dr. David Khan, von der gänzlichen Niedermetzelung gerettet. Er ritt mit seinen Begleitern am Montag, den 23. Dezember (5. Januar nach dem deutschen Kalender), zu den kurdischen Häuptlingen, welche Gogtapa mit mehreren Tausenden von Kriegern belagerten. In einer Verhandlung von mehreren Stunden konnte Dr. Packard von den Kurden nur das erreichen, daß die Bewohner von Gogtapa sich ergeben und ihre Seelen, d.h. nur das nackte Leben, dem Dr. Packard zum Geschenk gegeben werden, aber alle ihre Habe den Kurden gehören solle [...] So wurden viele Tausende gerettet und zum amerikanischen Missionshaus gebracht.« (Ebd., 14.) Gogtapa war also materiell in die Hände der Belagerer gefallen, nicht aber seine Menschen. Anderenorts ging es nicht so gut aus. Luther Pera schreibt etwa von den 46 Personen, die aus der französischen Mission in Haft behalten worden seien, »Arm an Arm gebunden und auf Befehl der Türken erschossen. In Gulfaschan wurden über 80 Personen getötet. Frauen und Mädchen waren den unreinen Lüsten dieser wilden Rotte preisgegeben [...] Dabei hatten der türkische Konsul und der kurdische Scheich dem Dorfe Gulfaschan volle Sicherheit versprochen. In vielen Dörfern, wie Ada und Supurgan, sind unbeschreibliche Greuel geschehen. Viele starben als Märtyrer um ihres Glaubens willen. Sehr viele Frauen und Mädchen wurden von Kurden und Mohammedanern entführt.« (Ebd., 15.) Was an der Beschreibung Luther Peras auffällt: für ihn besteht kein Zweifel, dass diese Greuel von Türken und Kurden gemeinsam ausgingen, und der Erschießungsbefehl in Urmia für die aus der französischen Mission Inhaftierten ging seines Erachtens eindeutig auf die Türken zurück. Die Zahl der Getöteten bezifferte Luther Pera auf 8000. Und dann kommt der die Nachricht des Briefes von Lazarus Jaure erläuternde Fakt. »Alle Kirchen, auch unsere in Wasirabad und Gogtapa, wurden abgebrannt.« (Ebd.) Dabei erging es den Menschen in Gogtapa nicht nur wegen des Eintretens des amerikanischen Missionsarztes noch relativ gut, auch die materiellen Schäden hielten sich offenbar noch in

Grenzen. Zumindest gab es noch etwas, was man wieder aufbauen konnte. »In Gogtapa sind Häuser, Türen und Fenster gelassen worden, weil zuviel in diesem Dorfe zu rauben war. Auch das Haus des Br.[uders] Jaure und die Schule sind heil geblieben.« (Ebd., 16.) Und am 1. Januar 1916 noch hatte Röbbelen seinen Lesern mitteilen können, dass sich Jaure Abraham wieder in Gogtapa befand und dort erneut mit seiner Familie wohnte. Allerdings gaben sich die Deutschen immer noch Illusionen hin über den weiteren Verlauf. Röbbelen schrieb dazu: »Überfälle scheinen sich auf der Urmiaebene nicht mehr ereignet zu haben. Es ist auch Hoffnung vorhanden, daß Ausschreitungen gegen die syrischen Christen in Zukunft verhindert werden. Der Kaiserliche Botschafter in Konstantinopel hat Vorstellungen bei der türkischen Regierung erhoben, und diese hat versprochen, daß Weisungen zum Schutz unserer syrischen Brüder an die zuständigen militärischen Stellen erlassen werden sollten.« (NLMP 3.1 [1. Januar 1916], 2–4, hier 3.) Das war freilich eine gefährliche Illusion, zu meinen, dass die türkischen Stellen ernsthaft an einer Zügelung solcher Vorgänge interessiert gewesen seien. Röbbelen rief zu Spenden für die Bedrängten auf und – um auch eine für die deutsche Situation der Weltkriegszeit typische Geste zu erwähnen – eine spendenwillige Familie gab gar ihre sechs silbernen Löffel, damit den Syrern geholfen werden konnte.

Die Mitteilungen des Lazarus Jaure dazu, dass sein Vater die Kirche wieder aufgebaut habe und zuversichtlich sei hinsichtlich des Bestandes der Gemeinde in der Zukunft, wurde gleich am 21. Juni 1916 auf der Mitgliederversammlung des Vereins für lutherische Mission in Persien bekannt gemacht. Am 1. Oktober konnte dann Röbbelen seinen Lesern auch mitteilen, dass der schwedische Missionsbund für die Hermannsburger den Transfer von Geldsendungen übernommen hatte. »Die Geldsendungen nach Persien hatten wir eine Zeitlang aufgegeben, weil bei der Entwertung des deutschen Geldes 30 % verloren gingen, wenn wir Geld nach Schweden oder Amerika zur Weiterbeförderung schickten. Nun hat aber die Direktion des ›Schwedischen Missionsbundes‹ in freundlichster Weise sich erboten, leihweise für uns Geldbeträge nach Persien und Rußland zu übermitteln, die wir nach dem Kriege, wenn die Geldverhältnisse wieder normal geworden sind, zurückerstatten sollen. Schon sind zwei Sendungen aus Schweden abgegangen.« (NLMP 3,4 [1. Oktober 1916], 2–4, hier 3.)

Bei Lazarus Jaure folgt in seinem Brief nun ein seltsamer Hinweis, den er in Klammern anführt: »Über die armen Mitglieder der Gemeinde in Wasirabad konnte freilich mein Vater vorsichtshalber nichts mitteilen«. Hinter dieser Notiz verbirgt sich die Tragödie eines ganzen Dorfes und seiner Pfarrersfamilie. Bereits im Sommer des Jahres 1914 begann diese Tragödie. Am 18. Juni berichtete das Auswärtige Amt in Berlin den Hermannsburgern, dass dem dortigen Pfarrer Pera Johannes seine Kirche fortgenommen worden sei, die mit erheblichen Finanzmitteln aus Deutschland erhalten worden war (NLMP 1,3 [28. Juli 1914], 11–12). Die Nachricht hatte das Auswärtige Amt telegrafisch vom deutschen Gesandten in Teheran erhalten. Er berichtete auch die schon oben erzählte Geschichte, dass die Kirche dem Priester vom russischen Bischof fortgenommen worden sei und der Priester mitsamt seinen Kirchenältesten ins Gefängnis geworfen wurde. Um jeden Unmut im Dorf über die Übernahme der Kirche zu unterdrücken, waren nicht nur Priester und Gemeindeälteste inhaftiert worden, sondern wurden die Reiter auch bei den Gemeindegliedern einquartiert und unterbanden jeden Widerstand (NLMP 1,4 [28. September 1914], 13–16). Vorangegangen waren Versuche des Gouverneurs, den Priester und seine Ältesten zu bewegen, freiwillig die Kirche aufzugeben. Sodann schickte er am Donnerstag nach Pfingsten einen Gerichtsboten mit dem Befehl, die Kirche den Russen zu übergeben. Vergeblich suchte der Priester das Gespräch mit dem Gouverneur. Er wurde nicht vorgelassen. Die Syrer empfanden sich nunmehr als Spielball im Weltgetriebe. »Wir leben in der bedrängtesten Lage. Ich habe keinen Schutz als den Herrn droben. Die kleinste Verleumdung kann einen in Lebensgefahr bringen«, meinte der Sohn des Priesters, der sich vergeblich um die Freilassung seines Vaters bemühte (ebd., 15). Nach der schließlich erfolgten Freilassung des Priesters herrschte tiefe Verunsicherung. Der Priester war niedergedrückt über den Verlust seiner Kirche und traute sich nicht, seiner Gemeinde in einem anderen Gebäude zu dienen. »Alles stand im Zeichen der Furcht«, meinte die Vorsteherin des deutschen Waisenhauses in Urmia (NLMP 2,2 [1. April 1915], 6–7, hier 7). Luther Pera meldete dann Ende 1915, dass die Kirche des Dorfes abgebrannt worden sei. Der Ort befand sich infolge der Verfolgungen in einem erschreckenden Zustand. »Wasirabad ist ganz verwüstet, die Häuser abgerissen, Türen und Fenster geraubt.« (NLMP 2,4 [1. September 1915], 13–16, hier 15f.) Ein Schlag, von dem sich das Dorf nie mehr erholen sollte. Im Januar 1917 veröffentlichte Röbbelen die Nachrichten hierzu, die ihm Lazarus Jaure übermittelt hatte. »Die Gemeinde von Wasirabad hat sich nicht wieder sammeln können, da das Dorf zum großen Teil zerstört ist. Die niedergebrannte Kirche ist auch von den Russen nicht restauriert worden.« (NLMP 4,1 [1. Januar 1917], 1–3, hier 1.) Immerhin gab es noch einige Christen dort in der kurzen Pause vor dem erneuten Anschwellen der Ausschreitungen. Diese Christen hielten sich nun nach Gogtapa. Der Priester des Dorfes aber war zunächst ins südrussische Aramawir und dann nach Tiflis geflohen. Er blieb fortan ein gebrochener Mann und konnte seinen Dienst nie wieder ernsthaft aufnehmen. Mit knapper Not war er den Ausschreitungen entkommen. Während sein Sohn mit seiner Familie in Urmia von einem jungen Muslim in dessen Haus versteckt wurde, nachdem er in seinem Haus von marodierenden Muslimen belagert worden war, trieb ihn die Sorge um seinen Vater und die restliche Familie um. Denn nach dem erneuten Abzug der Russen im Dezember wüteten und plünderten die Kurden in den Dörfern. »Aber nach drei Tagen kamen sie gänzlich – auch der Kleider – beraubt in das amerikanische Missionshaus. Ich nahm sie mit zu uns in jenes mohammedanische Haus.« NLMP 2,4 [1. September 1915], 14–15, aus einem Brief seines Sohnes Luther Pera vom 3. Juli 1915.) Seine langjährige Wirkungsstätte hat Pera Johannes nie wiedergesehen. Seine Gemeinde war untergegangen und alles, was er sich erworben und geschaffen hatte, auch. Er starb 1924 schließlich verarmt und notdürftig von Hermannsburg unterstützt in einem Heim im Elsass, wohin er endlich 1921 aus dem von revolutionären Umbrüchen heimgesuchten Georgien hatte ausreisen dürfen. Er hinterließ seine Frau und eine behinderte Tochter unversorgt. Von Hermannsburg aus nahm man sich ihrer für den Rest ihrer Lebenszeit an.

Lazarus Jaure nun hielt es nicht länger in Russland angesichts des ausufernden Elends der Syrer. »Was mich aber besonders veranlasst hat, hierher zu kommen, war der herzdringende Hinweis meines Vaters auf die entsetzliche Not und das grenzenlose Elend, worunter jetzt unser armes syrisches Volk leidet, das noch zu alledem durch schreckliche Epidemien fast ausgerottet zu werden droht. Und demgegenüber erinnerte er mich entschieden an meine unausweichliche Pflicht. Und, geehrter Herr Pastor, dies hat mich lange als eine schwere Last gedrückt, bis es mich schliesslich hierher geführt hat. Diesem furchtbaren Gottesgerichte gegenüber, das wir gesehen und erlebt haben und das noch in seiner ganzen Strenge auf unser Volk drückt, war ich innerlich gezwungen, alles eigene Denken und Wünschen beiseite zu lassen und der inneren Stimme und des Vaters Aufforderung demütig nachzukommen. Ach, ich weiss nicht, ob Sie erfahren haben, was unser Volk in dieser Kriegszeit alles erduldet hat, bis zur Unmenschlichkeit!« Die Frömmigkeit des Lazarus Jaure mag heute manchem befremdlich sein und es mögen Zweifel angemeldet werden können, ob er sich tatsächlich so selbstlos aus der Gefahr gebracht hatte, um Hilfe für die verfolgten Syrer zu organisieren oder nicht auch die Gelegenheit nutzte, sich und sein Leben zu retten; wichtig ist doch, dass er aktiv wurde und dass er zu den Vorgängen informierte. Leider enthält der Brief sodann keine weiteren Einzelheiten zu den Vorgängen bei den Syrern, sondern den diesen Kontext abbrechenden Satz: »Doch davon will ich nicht schreiben.«

Dafür bekommen wir aber Lazarus Jaure nun als den Organisator der dringend erforderlichen Hilfe vorgeführt: »Jetzt will ich Sie nur bitten, zu helfen. Und vielleicht würdigen Sie mich auch, an dieser Hilfsarbeit an den Armen, Hungrigen und Sterbenden meiner Landsleute, weshalb ich ausschließlich hergekommen bin, mitzuwirken. Jetzt verstehe ich, was Paulus veranlassen konnte zu wünschen, lieber selber an Stelle seines Volkes von Christus verdammt zu sein. – Doch ich will lieber alle eigenen Gedanken zurückstellen und warte hier auf Ihre Anweisungen und Ratschläge, ausserhalb deren selbstverständlich mir jeder Gedanke an eine solche Betätigung absolut fernliegt. Nur möchte ich bemerken, dass nur durch Vermittlung der schwedischen Mission, die eventuell, wie ich hoffe, selber gerne mit Hand anlegen würde, etwas geschehen kann.« So geschah es dann tatsächlich, und die Deutschen sandten durch Vermittlung des Lazarus Jaure ihre Hilfe über die schwedische Mission.

In einer der abschließenden Bemerkungen zeigt Lazarus Jaure, dass ihm die gelungene Flucht eines Mitpriesters in der Kirche des Ostens, des Luther Pera, bekannt war. »Pastor Luther Pera hat schon vor Monaten Russland verlassen und er kann doch wohl nur in Deutschland sein. Bitte, grüssen Sie ihn von mir.« Die schon erwähnten Epidemien hatten eben auch die Briefschreiber erreicht. Luther Pera hatte auf seiner ersten Flucht nach Täbris im Sommer 1915 bereits mit der Cholera Bekanntschaft gemacht (NLMP 3,1 [1. Januar 1916], 2–4). Dann starb sein Sohn Friedrich an Typhus im Zuge der großen Krankheitsepidemien und Mangelerscheinungen in Urmia (NLMP 2,4 [1. September 1915], 13–16). Auch Luther Peras Geschichte und seine abenteuerliche Flucht über Schweden nach Deutschland lohnten eine ausführlichere Darstellung. Ihm blieb durch Mithilfe muslimischer Bekannter der Tod erspart, und bei der erneuten Räumung Urmias durch die Russen zog er mit ihnen aus der Region fort, um nie mehr dorthin zurückzukehren. Auch er hatte an eine Veröffentlichung seiner Erlebnisse gedacht, und noch lange sollte vor allem die Zeitschrift des Johannes Lepsius in Potsdam sich um deren Veröffentlichung bei ihm und seinen Vorgesetzten in Deutschland bemühen; aber erschienen sind auch diese Erinnerungen nie.

Der Aufbau der Kirche in Gogtapa während des Weltkrieges blieb nur eine Episode. Der von Lazarus Jaure gelobte Patriarch wurde von Kurden in einem Hinterhalt mit 25 Männern seiner Begleitung ermordet. Die Engländer kamen nicht so schnell als Entsatz der Russen nach Norden vor, und Türken und Kurden gemeinsam wüteten wie zuvor. Nun musste auch Jaure Abraham die Flucht antreten. Er beschreibt diesen seltsamen Auszug seines Volkes, der an den Auszug der Israeliten aus Ägypten erinnert. Da wird dann auch deutlich, wie die Not der Hungernden und Erkrankenden das Werk vollendete, dass die Peiniger und Mörder begannen:

»Am 18. Juli 1918 verließen wir Urmia und flohen nach Süden, nach Hamadan. Diese Flucht dauerte 22 Tage. Das ganze Volk war unterwegs mit Wagen, Pferden und Habe. Auf dem Wege wurden wir achtmal vom Feinde umzingelt; einige Tausend wurden getötet oder gefangen weggeführt. Am vierten Tage unserer Flucht ließen wir unsern Wagen, vor den vier Ochsen gespannt waren, alle unsere besten Sachen, die Bücher usw. zurück. Meine Frau ritt auf einem Pferd, das wir noch hatten; wir andern flohen zu Fuß. Den ersten Tag machten wir ungefähr 70 km zu Fuß ohne Schuhe und Strümpfe in der Sommerhitze auf den sandigen Wegen Persiens. Selbstverständlich waren Tausende von Menschen in derselben Lage wie ich. Das fliehende Volk bestand annähernd aus 90.000 Seelen. Säugende Frauen ließen ihre kleinen Kinder am Wege liegen und flohen. Auf dem ganzen Wege begegneten wir Kindern, die von ihren Eltern verlassen waren. Sie liefen den Flüchtlingen entgegen und riefen den Fremden weinend zu: ›Papa, Mama, nimm mich mit!‹ Aber niemand konnte helfen. Neugeborene Kinder ließ man liegen. Väter und Mütter, die schwach waren, wurden im Stich gelassen. Andere starben unterwegs und blieben unbeerdigt liegen. Wir mußten hungern, denn alle Vorräte ließen wir unterwegs, drei Tage waren wir ohne Brot und ohne Wasser. Denn die Tausende von Menschen mit ihrem Vieh tranken alles Wasser weg. Beinahe das ganze Volk wurde an Dysenterie krank; auch Cholera raffte viele Menschen weg. Als wir uns Hamadan näherten, wurde meine Frau krank. Wir hatten in Hamadan angesehene Verwandte. Sie nahmen uns als Gäste in ihre Häuser auf. Meine Frau lag eine Woche krank. Am 10. August nahm sie der Herr zu sich. Am 11. wurde sie bestattet unter großer Teilnahme der angesehenen Männer zu Hamadan und der syrischen Flüchtlinge. Ich fiel in tiefe Betrübnis.

Wir blieben vier Monate in Hamadan. Dann begaben wir uns im Winter auf die Reise nach Täbris, die einen Monat währte. Ich kam krank und schwach dorthin. Hier lag ich zwei Wochen krank, an Brust und Knien leidend infolge der Kälte. Als ich gesund ward, erkrankte mein Sohn am Typhus. Auch er ist jetzt gesund. Aber es ist uns sehr schwer geworden, in einer fremden Stadt ohne Geld unter diesen Umständen zu leben.« (Brief in großen Teilen durch Röbbelen veröffentlicht in NLMP 6,2 [10. November 1919], 1–4, hier 3f.)

Für eine Weile räumte man ihm die armenische Kirche der Stadt für seine gottesdienstlichen Feiern. Schließlich aber musste er unter erneuten erheblichen Entbehrungen über Bombay bis nach Amerika emigrieren und konnte erst als hoch betagter Mann von 76 Jahren 1930 in seine angestammte Heimat zurückkehren (NLMP 17,2 [6. Mai 1930], 2–4). Als Geistlicher hatte er in Philadelphia unter seinen Landsleuten für die Wiedererrichtung des Heimatdorfes und seiner Kirche gesorgt. Es ist wie ein Wunder, dass dieser alte Mann dann als Priester seiner angestammten Gemeinde in der heimatlichen Erde 1938 bestattet werden konnte. Ein Symbol dafür, trotz des Genozids nicht die eigenen Wurzeln in der heimatlichen Erde aufzugeben, zu der es ihn zurückzog, ungeachtet aller weiteren Gefährdungen und Nöte. Ihm ist zu verdanken, dass noch heute die Zeugnisse seiner Gemeinde und dieser Zeit dort erhalten sind.

Dem nach Schweden geflüchteten Lazarus gelang bereits am ersten Ort seines Exils, auch die Hermannsburger für eine Hilfsaktion zu gewinnen. Er sondierte in Schweden, mit wem solch eine Hilfe zu realisieren sei, und er konnte Röbbelen bewegen, den in schwerer Not befindlichen Überlebenden Gelder zu senden, die sie vor dem Ärgsten bewahren sollten. Auch auf den weiteren Stationen seines Exils bis zu seiner Ansiedlung im amerikanischen Philadelphia blieb er nun aufklärend und Hilfe organisierend den Überlebenden des Völkermords treu. In seinem Brief aus dem Stockholmer Hotel Tremont schrieb er am 10. Juni 1916:

»Hochgeehrter Herr Pastor!

Besten Dank für Ihren freundlichen Brief vom 28. v. M. Leider kann ich Ihnen aus Persien nichts weiter mitteilen, als was ich schon getan habe. Denn da damals keine Postverbindung mit Persien bestand, so waren auch wir zu Hause ganz abgeschnitten und haben im Verlaufe eines ganzen Jahres nur den einen Brief erhalten, wovon ich Ihnen schon berichtete. An welchem Datum jener Brief geschrieben war, kann ich nicht mehr angeben; da wir ihn aber etwa 2 Wochen vor Ostern erhielten, muss er wohl etwa Anfang März abgeschickt worden sein. – Jetzt aber geht die Bahn direkt nach Täbris mit einer Abzweigung nach dem Urmia-See, der nächstens mit einer electrischen Bahn mit Urmia verbunden werden soll. Ich glaube, dass jetzt auch sowohl telegraphische wie auch Postverbindung mit Urmia hergestellt ist.

Sowohl der ›Deutsche Hilfsverein‹ in Stockholm wie auch hiesige Missionsvereine sind gerne bereit, Geld nach Persien zu übermitteln. Freilich der Kurs ist gleich ungünstig.

Es freut mich, dass Sie meine Absicht, hier für die syrischen Christen Hilfe zu finden, billigen. Ich habe mich dann mit Pastor Montelius (Meister-Sammelgatan 42) über die Angelegenheit besprochen, und er ist gerne bereit, mir hierin zu helfen. Und da er ein einflussreicher Director einer hiesigen [eingefügt: luth.] Missionsgesellschaft ist, so wäre seine Hilfe sehr wichtig. Ich habe mir eine solche Stellung verschafft, die mir die Mittel zur Bestreitung meiner Bedürfnisse an die Hand geben wird und daneben mir so viel freie Zeit übrigbleibt, dass ich mich auch gut der anderen Arbeit hingeben kann, um Interesse und Freunde für die Mission in Persien zu gewinnen. Nimmt sich dann Pastor Montelius oder irgend ein anderer ganz der Sache an, so würden wir dann Ihre Schriftchen, die Sie mir zugeschickt haben, ins Schwedische übersetzen lassen, ich würde dann in Versammlungen und bei Freunden für die Sache werben. Und so dürfte man sich doch mehr oder weniger Erfolg versprechen.

Doch hierzu muss ich aber vor allen Dingen Ihre Zustimmung und Unterstützung haben. Nur in Verbindung mit Ihnen kann und will ich mich dieser Arbeit hingeben, wie ich schon in meinem letzten Brief andeutete. So bitte ich Sie, dass Sie an Pastor Montelius schreiben, dass er sich der Sache annähme und machen Sie mich ihm bekannt. Bischof Ullmann ist krank und altersschwach. Ich werde aber Bischof Scheele, Rohde etc. etc. zu gewinnen suchen. Seien Sie also so freundlich und reichen Sie mir in dieser nützlichen Sache über Vergangenes die Hand, so zweifle ich nicht am Erfolg.

Leider war die ansehnliche Summe Geldes, die ich mitgenommen hatte, durch den langen Aufenthalt in Petrograd und besonders auf der Grenze so sehr zusammengeschrumpft, dass ich schliesslich den deutschen Hilfsverein um Vorschuss bitten musste, der dann an Sie telegraphierte. Ich werde in kürzester Frist Ihnen das Geld zurückzahlen.

Es grüsst Sie in aufrichtiger Hochachtung

Ihr ergebenster

L. Jaure«

Lazarus hatte seine Frau und seine Tochter im Inferno des Massenmordens und der folgenden Epidemien verloren. Er verlor – das ahnte er damals noch nicht – seine Heimat auf immer, verlor seine Freunde, seinen Beruf, sein soziales Umfeld. Gerettet und allein stand er vor den Ruinen seines Lebens und seiner Existenz, die gleichzeitig die Ruinen seines Volkes und seiner Kultur waren. War nun nicht alles seines Sinnes beraubt, sowohl der lange Ausbildungsweg als auch ganz grundsätzlich das eigene Dasein? »Mit welchem Recht können wir aber zu sagen wagen, das Leben höre nie und für niemanden auf, einen Sinn zu behalten? Das rührt daher, daß der Mensch imstande ist, auch eine ausweglose Situation menschlich gesehen noch in eine Leistung zu verwandeln. Darum gibt ja auch das Leiden noch eine Sinnmöglichkeit.« (Viktor Frankl, 160.) Lazarus fand eine solche Sinnmöglichkeit darin, dass er nun für den Rest seines Lebens einer wurde, der immer wieder und bei verschiedensten Gelegenheiten bis in die Interpretation von volkstümlichen Verserzählungen hinein seinen Partnern den Völkermord in Erinnerung rief, dem er entronnen war. Nun wurde er in noch einem ganz anderen Sinn, was er immer werden wollte: ein Diener seines Volkes.

»... und behandelten mich in einer unwürdigen und veraechtlichen Weise.«

Die unheilbaren Wunden der Vergangenheit

»Wenn uns die anderen Zuneigung, Achtung und Anerkennung entziehen: Warum können wir nicht einfach zu ihnen sagen: ›Ich brauche das alles nicht, ich genüge mir selbst‹?«   Pascal Mercier (369)

»Die Wunde der Ungeliebten ist die Wunde des Menschseins.«
Peter Schellenbaum (13)

Durch Krieg, Christenverfolgung und Massaker konnte Lazarus Jaure sein Leben retten, floh ein Jahr in Russland umher, verlor Frau und Tochter »in einer furchtbaren Tagödie in Rußland«, ging nach dem Krieg nach Amerika und verlor seinen gesamten Besitz in den dreißiger Jahren durch die Wirtschaftskrise (Brief an Winfried Wickert vom 17. Mai 1933). In Amerika hatte bald nach dem Weltkrieg Jaure Abraham, der Vater von Lazarus, eine syrische Gemeinde in Philadelphia gesammelt, die sich 1920 als solche konstituierte und mit der er sich der lutherischen Kirche des Pennsylvania-Ministeriums anschloss (NLMP 11 [1924], 4 und NLMP 17 [1930], 2–4). Ein großer Teil der Überlebenden seiner Gemeinde in Gogtapa kehrte 1924 nach dort zurück und organisierte sich wieder als eigenständige lutherische Gemeinde. 1926 waren es bereits wieder 600 Gemeindeglieder. Erst 1930 aber konnten die amerikanischen Lutheraner dem schon 76 alten Jaure Abraham die Rückkehr nach Persien ermöglichen, wobei wieder Hermannsburg – dieses Mal aber nur kooperierend – zwischengeschaltet wurde. Sein Nachfolger in der Gemeinde in Philadelphia sollte sein Sohn Lazarus werden. Mit ihm wiederum verband man die Hoffnung, »daß er später als Pastor nach Gogtapa gehen werde« (ebd., 3). Die Amerikaner nun baten Hermannsburg um Mithilfe bei der Fortführung des Werkes auf der Urmia-Hochebene.

Noch am 8. August 1930 nahm auch Lazarus Jaure wieder brieflichen Kontakt mit Röbbelen auf, um auf Wunsch seines Vaters in die Arbeit an den ›lutherischen Nestorianern‹ in Persien zurückzukehren. Dabei kam es noch einmal zu einer Aufarbeitung der Geschehnisse vor dem Ersten Weltkrieg. Wieder musste sich Lazarus Jaure gegen pauschale Unterstellungen wenden, und auf Röbbelens vorwurfsvolles Schreiben reagierte Lazarus am 4. November 1930 mit einer detaillierten Darstellung aus seiner Sicht. Entschieden verwahrte er sich dagegen, ihm sei die Verkündigung des Wortes Gottes keine »Herzenssache, sondern mehr eine Geschaeftssache gewesen« und er sei »mit der bescheidenen Stellung«, die er »zu Anfang einnehmen sollte, nicht zufrieden gewesen«. Unverdrossen wies Lazarus Jaure diese Vorwürfe zurück. Es sei ihm »fast unfassbar«, wie Röbbelen »damals zu einer solchen radikal falschen Beurteilung« habe kommen können, die er selbst jetzt noch, 1930, festhalte. Dass er zu jener Zeit in seiner jugendlichen Unerfahrenheit und Ungeduld sicher Fehler gemacht habe, gestand er freimütig zu. Erneut und mit uneingeschränkter Festigkeit stelle er noch einmal seine Sicht des Geschehens dar. »Sie hatten mich ausdrücklich und foermlich als Ihren Missionar berufen und ausgeschickt. Dann unterstellte ich mich auf Ihren Wunsch einem sogenannten Missionskomitee in S., welches bestand aus dem klugen Fossum, dem ganz unfähigen und dummen Dr. Edman und aus einer oder zwei Frauen. Diese nun, nachdem sie mich in die Falle hineingelockt hatten, stiessen mich, Ihren berufenen Missionar, aus Ihrer Mitte aus und behandelten mich in einer unwuerdigen und veraechtlichen Weise. Ich beklage mich dann bei Ihnen und erfahre von Ihnen, natuerlich durch Dr. Edman, dass sie mich nicht als Missionar anerkennen koennen. Warum nicht? Und da muss ich hoeren: ›Because you as a native worker are morally not responsible and inferior!‹ Ich berief mich dann auf Sie, aber auch Sie verliessen mich, Ihren berufenen Missionar. Das war natuerlich eine ausdrueckliche Annulierung meiner Aussendung als Missionar mit der Begruendung meiner Unwuerdigkeit, ein solcher zu sein.« Eindrücklich und grundsätzlich redete Lazarus Jaure nun Röbbelen ins Gewissen.

»Koennen sie Ihren Missionaren, die Sie aussenden, so etwas zumuten? Konnten Sie, als Sie mich aussandten, mir sagen, dass ich unwuerdig waere, ein Missionar zu sein, aber mich dennoch aussenden? Konnte ich als Missionar ausgehen, wenn ich nicht wuerdig war, ein Missionar zu sein? Und doch gerade diese Ungeheuerlichkeit wurde mir damals ins Gesicht geschleudert, und Sie gaben dazu Ihre volle Zustimmung. Es ist nicht richtig, diese Sache mit Erklaerungen oder mit allgemeinen Vorwuerfen wie ›keine Herzenssache, Geldliebe, Hochmut‹ etc. zu verdunkeln. Nein, die einzige Frage, um die es sich damals fuer mich handelte, war die: Konnte ich in einem Dienste weiterarbeiten, fuer den ich offenbar als unwuerdig erklaert wurde? Was wuerden Sie in einem solchen Falle tun? Ich bin sicher, ein jeder ehrliche Christ wuerde die beschimpfenden Zumutungen zurueckweisen, wie ich es tat. [...] damals war ich ein junger, begeisterter Mann, ich geriet in eine heftige Aufregung, die mich gaenzlich erschuetterte und zu allzu raschen Entscheidungen und Handlungen fuehrte. Und so ist es unter keinen Umstaenden richtig, dass ich aus eigensuechtigen Absichten und hochfahrenden Anmassungen Ihren Missionsdienst verliess, sondern vielmehr fuehlte ich mich mit der groessten Betruebnis aus dem Dienst hinausgestossen durch lieblose Brueder, die mich als Bruder nicht anerkennen wollten.« Auch noch 1930 also ließ Lazarus Jaure seinem damaligen Vorgesetzten gegenüber keinen Zweifel, dass er dessen Verhalten als Unrecht empfunden hatte. Er habe damals »tief gefuehlt«, dass Röbbelen ihm mit seinem Verhalten »ein folgenschweres Unrecht angetan« habe. Die alten Wunden verhinderten einen erneuten Eintritt von Lazarus Jaure in den Missionsdienst des Komitees.

»Man muß den Schmerz über Dissonanzen aushalten können. Es geht darum, auch das, was unmöglich war, anzuerkennen.« (Pascal Mercier, 359.) Lazarus litt unter den Urteilen und Verurteilungen aus Hermannsburg. Aber er ließ sie nicht das letzte Wort sein in seinem Kontakt zu den Hermannsburgern. An Lazarus wird deutlich, dass die ihm zugefügten Verwundungen und sein Ärger an seinem deutschen Partner mitschreiben an seinem Profil. Er ließ nicht nach in seiner gefühlten Nähe zu den Hermannsburgern, so sehr diese auch ihn immer wieder verfehlten. Er verdankte diesem steten Austausch besonders mit Röbbelen Einsicht auch in eigene Schwächen und eigenes Versagen, aber auch die Verstärkung seines Selbstbewusstseins, wo Röbbelen sich nicht in gleicher Weise korrigieren ließ in seinen Fehlurteilen zu Lazarus. Er lernte dabei, zu sich zu stehen, sich seine Würde zu erhalten, wo es schien, als solle er von außen in die Würdelosigkeit herabgenötigt werden. Er lernte aber nie, dass Hermannsburg seine Entscheidungen nicht auf der Basis einer gewachsenen Liebe zu den orientalischen Christen etwa fällte (dann hätten die Hermannsburger sich unbedingt wieder engagieren müssen für all die, die das Inferno überlebten), sondern die Entscheidungen erfolgten nach klaren Kosten-Nutzen-Erwägungen. Und da war mit der religiös verwüsteten Landschaft um Urmia kein Staat mehr zu machen.

Nicht realisierend, dass seiner Treue zu den Hermannsburgern nicht eine Treue der Hermannsburger zu den orientalischen Christen korrespondierte, mündeten Lazarus' Überlegungen zu einer Rückkehr und zu der Zukunft seines Volkes in der angestammten Heimat immer wieder in dem hilfesuchenden Blick gen Hermannsburg. Nach dem Tode Röbbelens (1933) wandte er sich darum am 17. Mai 1933 ein weiteres und letztes Mal nach Hermannsburg an seinen alten Freund Wickert, mit dem er schon aus Studienzeiten und durch ihre gemeinsamen orientalistischen Interessen verbunden war, und der nun stellvertretender Missionsdirektor geworden war. Ein Mann also, auf dessen Einfluss und Autorität Lazarus zu hoffen wagen konnte, besonders wegen der sie verbindenden Freundschaft. »Was wird aus der ganzen Hermannsburger Arbeit in Persien, wenn mein Vater abberufen wird? Will Hermannsburg die pers. Arbeit weiterfuehren? Wenn ja, so moechte ich bitten, mir zu erlauben, dass ich die Arbeit uebernehme.« Ihm war das so bitter ernst, dass er dieses Mal die in Hermannsburg stets neu zu erwartenden finanziellen Argumente vorwegnahm und sie vorab zu entkräften suchte. Auf Geld komme es ihm nicht an. »Ich bin sogar zufrieden, auf meine eigenen Unkosten nach Persien zu gehen und dort zu arbeiten, solange ich nur kann.« Er hoffte für diesen Fall auf Unterstützung aus Amerika. Ihm ginge es um die prinzipielle Erklärung, ob man ihm »die Einwilligung zugestehen moechte«, seines Vaters Arbeit zu übernehmen. Dem Freund teilte er bei dieser Gelegenheit mit, dass er seine Studien in den orientalischen Sprachen nie aufgegeben habe und sich auf dem Laufenden halte.

Jaure Abraham aber, sein Vater – wiewohl er sich weiterhin als ›Hermannsburger‹ fühlte –, wirkte seit 1930 im amerikanischen Auftrag und wurde nur gelegentlich vom Hermannsburger Komitee unterstützt. Auf dem an Wickert gerichteten Brief findet sich der handschriftliche Vermerk: »Arbeit des P. Jaure Abr. geschieht in amerik. Auftrag, nur mit gelegentl. Unterstützung durch das pers. Miss. Komitee. Eig. Arbeit völlig aussichtslos.« Die Stellung der Hermannsburger zu einer möglichen Einstellung des Lazarus Jaure in Persien formulierte der Missionsdirektor Christoph Bernhard Schomerus (1871–1944) in einem Brief an Pastor Bauer, Hamburg, am 23. Juni 1933: Es bestehe keinerlei Möglichkeit, die Arbeit in Persien in irgendeiner Form zu übernehmen. Gegen einen Eintritt des Lazarus Jaure in die Arbeit seines Vaters habe man keine Bedenken. »Nur dürfte doch wohl keinerlei Bindung unsererseits zu erwarten sein.« Deutlicher konnte man dem, den man bereits als Kind bei sich aufgenommen hatte, damit er der Hermannsburger Sache in seiner Heimat dienen könnte, nicht die kalte Schulter zeigen. Die Urmia-Region – man schrieb sie jetzt ab, sie rentierte sich einfach nicht mehr, rechtfertigte keinen weiteren finanziellen und personalen Aufwand. Das war eine bittere Antwort an jenen, für den Hermannsburg und seine Heimat in der Urmia-Region stets symbiotisch eine Einheit gewesen war. Dem Völkermord folgte das Achselzucken, das die vom Völkermord Geschändeten aus der Interessenssphäre der Mission verabschiedete.

Die Hermannsburger Arbeit in Persien stand folgerichtig vor ihrem Ende und erlosch mit der Auflösung des Vereins für lutherische Mission in Persien in den Jahren 1939–1941. Lazarus Jaure blieb in Amerika. In Philadelphia wurde er zum Pfarrer jener Gemeinde deutscher Lutheraner, als deren Ruheständler der Altorientalist Johannes Friedrich (1893–1972) ihn kennenlernte. Dazu, dass der Literaturwissenschaftler Lazarus Jaure dann »geradezu als deutschen Gelehrten« bezeichnen konnte, hatte dieser von Hermannsburg aus gelenkte Weg durch deutsche Schulen und Universitäten den Grund gelegt.

Lazarus Jaure gilt heute als bemerkenswerter Repräsentant der neuostsyrischen Literatur des 20. Jahrhunderts. Seinen Ruf begründete besonders die Veröffentlichung des anonymen Poems »The teakettle and the boys« (*Chaidan we-Yali*) in einer bedeutenden akademischen Zeitschrift Nordamerikas (Lazarus Yaure, »A Poem in the Neo-Aramaic Dialect of Urmia«, *Journal of Near Eastern Studies* 16 [1957], 73–87). Die Veröffentlichung dieses Gedichts umfasste nicht nur den syrischen Text mit Transliteration und englischer Übersetzung, sondern auch wissenschaftlich gediegene Einführungen zur neusyrischen Literatur im Allgemeinen, zur Situation der neuostsyrischen Nestorianer und ihrer Zerstreuung in die weltweite Diaspora, einen Überblick über die Erforschung des Neusyrischen, Ausführungen zur Form der altsyrischen Kirchendichtung der Sogita, zur Herkunft des Dialekts von Urmia und einer eigentlichen Einleitung in den veröffentlichten Text. Auffallenderweise enthielten die Anmerkungen bis auf zwei Ausnahmen – A.J. Maclean und W.A. Wigram – nur deutschsprachige Forschungsliteratur.

Im deutschsprachigen Raum machte sich Lazarus Jaure durch eine Ko-Edition fünf Jahre später, 1962, einen Namen. Während des Zweiten Weltkrieges erhielt der deutsche Orientalist Johannes Friedrich durch F. Ose fünf Hefte in neusyrischer Sprache. Neben zwei von ihm sodann 1960 veröffentlichten neusyrischen Übersetzungen von Novellen Tolstois und Puschkins und zwei »nicht sehr wertvollen« Heften unter den Titeln »Erste Hilfe bei der Feldarbeit« und »Gedichte und Lieder« wurde das fünfte Heft mit einer neusyrischen Verserzählung von D. Iljan »Onkel Sälu und Qämbär« von ihm als »wirklich ein hochstehendes literarisches Erzeugnis« bezeichnet, das »in jeder Hinsicht eine Veröffentlichung« verdiene. Friedrich konnte mit den ihm zu Gebote stehenden Mitteln allerdings zu keiner befriedigenden Bearbeitung kommen. Da ermöglichte ihm der Kontakt zu Lazarus Jaure die gemeinschaftliche Bearbeitung und Herausgabe des Textes. Friedrich sprach in diesem Zusammenhang von den »überragenden Sprachkenntnissen« und den »fördernden Bemerkungen« des Lazarus Jaure, »der auch durch eigene Publikationen auf diesem Gebiete hervorgetreten« sei; erläuternd bemerkte Friedrich zur Qualifikation seines syrischen Kollegen: »Herr Yaure hat als Muttersprache das Neusyrisch von Urmia, ist aber an deutschen Schulen und Universitäten ausgebildet worden und kann deshalb geradezu als deutscher Gelehrter gelten.« (Johannes Friedrich und Lazarus Yaure, »Onkel Sälu und Qämbär. Eine neusyrische Verserzählung von D. Iljan. Text, Übersetzung und Erläuterungen«, *Zeitschrift der deutschen morgenländischen Gesellschaft* 112 [1962], 6–49, die Zitate 6.)

Das war nun eine eigentümliche Heimholung des Lazarus Jaure. Friedrich ließ Lazarus eine Anerkennung zukommen, wie sie ihm von der Mission und Röbbelen stets verweigert worden war. Kann das nicht auch damit zu tun gehabt haben, dass eben das stimmte, was Friedrich aus der gemeinsamen Arbeit an Texten ohne Umschweife anerkannte? Ein intellektuell vielversprechender Mann, der zudem mit einem empathischen Ansatz in die Arbeit einstieg, hinter dem umwälzende Erkenntnisse zum Islam und dessen Verhältnis zum Christentum standen – das war nicht das, was in das Profil eines Hermannsburger Missionars unter Muslimen passte. Wie gesagt, zum Zeitpunkt der mit Friedrich besorgten Herausgabe der Verserzählung Iljans war Lazarus Jaure bereits als Pastor einer deutschen Gemeinde in Philadelphia »außer Dienst«. Bei seinen »fördernden Bemerkungen« zur Verserzählung hatte er großen Wert auf die realen historischen Bezüge des Erzählten gelegt. Es sei an die Unterdrückung der syrischen Christen vor dem Ersten Weltkrieg in den türkisch-persischen Grenzgebieten als dem beherrschenden religiösen Hintergrund zu denken (ebd., 7).

Von diesen beiden herausragenden Editionen neusyrischer Literatur her bekam Lazarus Jaure seinen festen Platz in der neusyrischen Literaturgeschichte. Er findet sich nicht nur in den klassischen Bibliographien von Georg Krotkoff (»An Annotated Bibliography of Neo-Aramaic«, in: Wolfhart Heinrichs [Hg.], *Studies in Neo-Aramaic*, Atlanta 1990, 3–26 [Lazarus Jaure dort

12f.]) und Cyrill Moss (*Catalogue of Syriac Printed Books and Related Literature in the British Museum*, London 1962, dort 65 und 204) und in der Liste philologischer und lexikalischer Literatur in der von Rudolf Macuch und Estiphan Panoussi besorgten »Neusyrischen Chrestomathie« (Wiesbaden 1974, XXVI–XXIX) verzeichnet, sondern erhielt einen eigenen Abschnitt auch in Rudolf Macuchs *Geschichte der spät- und neusyrischen Literatur* (Berlin 1976, 388). Macuch fußt mit seinen Ausführungen aber ganz auf Friedrich und kann in keiner Hinsicht neue Erkenntnisse etwa zur Biografie oder Bibliografie des Lazarus Jaure vor seinem Aufenthalt in Amerika beitragen. Der Hinweis, dass er nach seinen Studien an deutschen Schulen und Universitäten »zum evangelischen Pfarrer ordiniert« worden sei, ist offenbar nur ein Rückschluss aus der späteren beruflichen Tätigkeit als Pastor in den USA. Gestorben ist Lazarus Jaure im November 1978, im Alter von 90 Jahren.

Epilog

»Ich bin nicht der Ansicht, dass jemand keine Fachkenntnisse besitzen soll. Die Fähigkeit, einen Graben zu ziehen oder ein Kabel zu verlegen, stellt ja in gewisser Weise ebenfalls eine Fachkenntnis dar. Auch Bauern verfügen über Fachkenntnisse. Die Frage ist nur, welche Art Spezialkenntnisse in unseren Gesellschaften als privilegiert gelten. Ich finde nicht, dass ein Vorstand für einen Konzern wertvoller ist und zehn Millionen Dollar im Jahr verdienen sollte, während Bauern und Arbeiter hungern müssen.
Über das, was einen hohen Wert genießt, bestimmt eine kleine Gruppe von Menschen, die diese Dinge an sich gerissen hat, so dass drei Viertel der Weltbevölkerung gezwungen ist, in unvorstellbarer Armut zu leben, weil ihre Arbeit nicht als wertvoll erachtet wird. Was würde passieren, wenn die Straßenkehrer in einer Stadt in Streik treten oder die Abwasserentsorgung plötzlich nicht mehr funktionierte? Ein Vorstand wäre doch gar nicht in der Lage, sich selbst um seine Scheiße zu kümmern.«   Arundhati Roy (122f.)

Lazarus Jaures Kampf um ein selbstbestimmtes Leben in Würde, das ihm auch die Anerkennung seiner deutschen Partner eingebracht haben würde, kam nie ans Ziel. Er hatte nie eine wirkliche Chance, mit seinem Lebensentwurf auf Einverständnis rechnen zu können, da der nicht einfach kongruent zu machen war mit dem, was die Erwartungen der Institution waren, die durch Röbbelen an ihm exekutiert wurden. Aber seine Treue im Dienst an seinem Volk, seine Leidenschaft auch für Philologisches und das kulturelle Gut seiner Heimat, die Unverwüstlichkeit seines Glaubens daran, dass man ihm in Hermannsburg helfen könne, die durch keine noch so tiefen Verwundungen und Enttäuschungen auszulöschen war, all das hat seinen eigenen Ton. Dem mag ein weiterer beigegeben gewesen sein: Gerade weil er von Hermannsburg materiell und auch durch die ihm implantierte lutherische Teilidentität abhängig war, musste er so intensiv seine Freiräume und seine auf Unabhängigkeit zielende Sicht bewahren. Die Hermannsburger wiederum fühlten sich nur dort in der Pflicht, wo sich Mitarbeiter möglichst reibungslos in die Missionsaktivitäten vor Ort einfügten. Was später einem deutschen Missionar zugestanden wurde – die amerikanische Arbeitsweise sei unerträglich für ein gedeihliches Wirken im Orient, das den kulturellen Gegebenheiten Rechnung zu tragen bereit war –, wurde einem einheimischen Mitarbeiter, der *per se* als Mitarbeiter zweiter Klasse galt, nicht zugebilligt. Mag sein, dass bei dem Versuch, diesen Weg zu rekonstruieren, jenen Unrecht widerfährt, die damals alle Entscheidungsbefugnisse auf ihrer Seite hatten und die meinten, Lazarus' Argumentationen nicht anerkennen zu können, weil sie für sich in Anspruch nahmen, besser informiert zu sein als er und auf ihrer Sicht der Dinge beharrten, auch noch Jahrzehnte nach dem beidseitigen Zerwürfnis – so sehr beharrten, dass sie selbst dem frisch dem Völkermord Entronnenen noch mit Vorbehalten begegneten und auch später all die Versuche Lazarus', die Hände zur Versöhnung auszustrecken, ausschlugen. Aber deren Sicht hat Fakten geschaffen, deren schmerzlichster für Lazarus seine dauerhafte Trennung von der Heimat und der elterlichen Familie in der Heimat war. Die Chance, aneinander zu lernen, sich zu vergewissern, zu hinterfragen, war trotz aller Ansätze dazu vertan. Dass Röbbelen mit seinem Verhalten die Herabwürdigung des Lazarus sanktionierte, sowohl beruflich als auch menschlich und im inneren Selbst, das bleibt ein Makel, auch wenn es dafür Erklärungen geben mag.

Lazarus nur deshalb schlechter zu bezahlen und ihn als zu seinen amerikanischen Kollegen gleichwertigen Missionar nur deshalb nicht zuzulassen, weil er Syrer war, bleibt ein Skandal, der das, was an der Investition an akademischer Ausbildung in einen ausländischen Studierenden vorbildhaft und wegweisend gewesen sein mag, schlicht wieder zunichte macht. Lazarus Leben verlief ganz anders als von der Mission erhofft und erwartet, und es besaß eine ganz andere Logik, mit der sich Röbbelen mit der Logik seines Lebens und Denkens wohl nicht nur nicht hätte verbinden wollen, sondern auch nicht hatte verbinden können. Wo Lazarus das Bedürfnis nach Vertrauen hatte, danach, in seinem Streben anerkannt und für gut befunden zu werden, antwortete ihm stets ein erziehender, ihn auf die Interessen der Mission umlenkender, tief in sein Inneres übergriffiger Röbbelen, dessen Liebe eben nicht personal als von Mensch zu Mensch verstanden sein wollte. Röbbelen verfolgte mit Lazarus Interessen, Lazarus hingegen wandte sich ihm zu als einem Berater, Begleiter, einem Mitmenschen. Und so blieb Lazarus an Röbbelen gebunden, Röbbelen aber nicht an Lazarus.

Lazarus aber hatte Röbbelen schon in der Auseinandersetzung um sein akademisches Studium die Maxime deutlich gemacht, die für ihn handlungsleitend auf seinem Weg zu einem selbstbestimmten Leben in Würde war (und die er bei allen Herabwürdigungen doch nie verlor) und die sich nicht dienstbar machen ließ für falsche Demut, für Unterdrückung von Lebenswünschen oder Ableitung realer Lebensbedürfnisse in hehre Tugenden, Moral oder Ideale: »Denn erst das Leben muß des Lebens Wert zeigen.«

Karte zur Urmia-Region
(mit heutigen Grenzen)

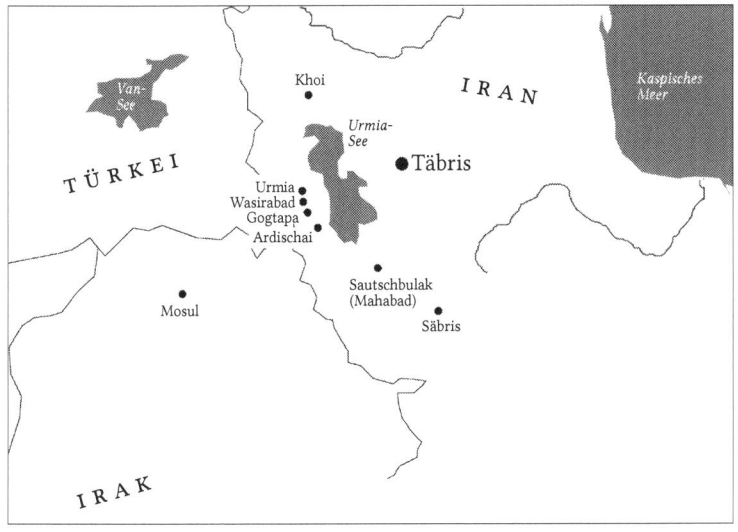

Pera Johannes (1850–1924) war der erste Priester, den seine Bischöfe nach Deutschland zum Studium der lutherischen Theologie schickten. Er fand Unterstützung im Elsass und studierte am Missionsseminar in Hermannsburg. Nach seiner Rückkehr übernahm er die zur Apostolischen Kirche des Ostens gehörende Gemeinde Wasirabad und stellte sich damit in Gegensatz zu seinem Onkel, der die Gemeinde der presbyterianischen ›Nestorianer‹ am Ort leitete. Nach einem langjährigen, schwierigen Dienst und dem Untergang seines Ortes floh er zunächst nach Tiflis, von dort ging er über Konstantinopel zu seinem Sohn ins Elsass und mit seiner Frau und behinderten Tochter in ein nahegelegenes Stift. Nachdem er den Völkermord an seinem Volk erlebt hatte, war er ein gebrochener Mann und nicht mehr arbeitsfähig. Er ist der eigentliche Gründungsvater der Bewegung der ›lutherischen Nestorianer‹ in der Apostolischen Kirche des Ostens und war der von den Hermannsburgern geteilten Überzeugung, dass die Apostolische Kirche des Ostens weithin anschlussfähig sei für das Luthertum und er sie nur in diesem Sinn reformieren müsse. Eine Synode zu Beginn des 20. Jahrhunderts unter dem Vorsitz des Patriarchallegaten Mar Timotheos Abimelek lehnte aber die lutherischen Neuerungen ab und insistierte auf der Verwendung der Dogmatik des abschließendes Dogmatikers der Kirche des Ostens im Mittelalter, Ebedjesus (gest. 1318), anstelle des von den lutherisch gesinnten Neuerern eingeführten ›Kleinen Katechismus‹ Martin Luthers. Er sandte zunächst Verwandte (etwa Paulus Alamschah, der Pfarrer der Lutheraner in den USA wurde) zum Studium nach Deutschland, dann auch einige seiner Söhne (Theodor Pera, Luther Pera, Augustin Pera). Er starb im Elsass.

Jaure Abraham (gest. 1938) war der erste Priester aus der Apostolischen Kirche des Ostens, der sich Pera Johannes anschloss. Die Mission stellte ihn, zum Ärger des Pera Johannes, diesem auch gehaltsmäßig gleich. Er leitete die große Gemeinde der Kirche in Gogtapa. Mehrere Reisen führten ihn nach Deutschland und in die Schweiz. Am Ende des Ersten Weltkriegs floh er im Terror des Völkermords gegen sein Volk nach Amerika und gründete eine lutherische Gemeinde für seine Ethnie in Philadelphia. In den 1920er Jahren kehrte er in seine Heimat zurück und betreute seine wiederaufgebaute Gemeinde. Er war der letzte Priester der Kirche des Ostens, der noch von der Hermannsburger Mission unterstützt wurde. Nach seinem Tod erlosch der Kontakt der Priester der Kirche des Ostens zur lutherischen Erweckungsbewegung Norddeutschlands. Mehrere seiner Söhne schickte er zu Schule oder zum Theologiestudium nach Deutschland (darunter auch Lazarus Jaure).

Johannes Pascha (1862–1911) war zunächst als Mitarbeiter der Deutschen Judenmission in der Urmia-Region tätig, die aber nach kürzestem Aufenthalt zweier ihrer Missionare in der Region den Iran verlassen mussten. Er allein blieb zurück und erhielt die Zusage, dass Unterstützerkreise in Deutschland ihm finanziell helfen würden. Da die Unterstützung schließlich ausblieb, reiste er ohne seine Familie nach Deutschland, leistete hier wichtige Arbeit als Verfasser von Handschriften, blieb aber bei der Einwerbung von Finanzen letztlich glücklos. Er zog nach Amerika weiter, wo er an einer Krebserkrankung starb, ohne seine in der Heimat unter extremer Not leidenden Familie je wieder begegnen zu können. Wichtige Werke aus seiner Feder fanden nicht die Unterstützung der Mission zur Drucklegung (besonders ein englisch-syrisches Lexikon und eine Übersetzung der ›Confessio Augustana‹). Einige seiner Söhne sandte er zum Theologiestudium nach Deutschland (Philippus Pascha, der die Gemeinde seines Vaters in den USA dann übernahm).

Kascha Ablachat (gest. 1917/18) entstammte einer Bischofsfamilie und schloss sich als Erzpriester der Bewegung um Pera Johannes und Jaure Abraham an. Allerdings hielt er Abstand zum inneren Kern der Bewegung und starb schließlich eines grausamen Märtyrertodes während des Völkermords im Zuge der Vernichtung seines Ortes und eines großen Teiles seiner Bevölkerung.

Luther Pera (1882–1943), Sohn des Pera Johannes, ging nach seiner Schul- und Studienzeit in Deutschland zunächst als Hilfspriester zu seinem Vater nach Wasirabad und half auch in Gemeinden der Umgebung. Ein Einsatz als Missionar in der Kurdenmission oder als Priester der ostsyrischen Migrantengemeinde im russischen Armawir hatte sich zerschlagen. Gegen den Widerstand der Mission übernahm er im Auftrag des Bischofs Ephraem die einzige Gemeinde der Kirche des Ostens in Urmia nach der Union der meisten Gläubigen mit der Russischen Orthodoxen Kirche. Dafür erwarb er eine Kirche der presbyterianisch-nestorianischen Gläubigen. Unter seinen Editionen und Übersetzungsarbeiten nimmt die in den USA in den Druck gelangte Übersetzung des ›Kleinen Katechismus‹ Luthers eine herausragende Stellung ein. Dem Völkermord entkam Luther Pera durch Flucht nach Deutschland. Ihm starb auf der Flucht ein Sohn an Typhus. Nach dem Ersten Weltkrieg arbeitete er zunächst als Pfarrverweser im Elsass und versorgte zugleich die Gläubigen seiner Kirche in Frankreich, besonders in Marseille. Schließlich ging er in die USA und übernahm eine Gemeinde in Chicago.

Alexander Jaure (Lebensdaten unbekannt) war ein Bruder des Lazarus Jaure und wurde nicht zum Theologiestudium in Hermannsburg übernommen.

Karl Röbbelen (1853–1933) war der Vorsitzende des Vereins für lutherische Mission in Persien und zugleich besonders als Dogmatiker am Missionsseminar in Hermannsburg tätig. Die Hermannsburger Mission sandte ihn auf die Weltmissionskonferenz in Edinburgh und zu Verhandlungen mit der Ohio-Synode in die USA. Den Iran betrat er nie persönlich (aber der von ihm entsandte Pfarrer Karl Maurer aus dem Elsass, der zugleich dem Vorstand des Vereins angehörte). Über Jahrzehnte prägte er die Arbeit des Werkes im Iran und war der Hauptinitiator der Mission unter den Kurden in Mahabad. Nach seinem Tod brach das Werk zusammen, wurde 1940/41 aufgelöst und in die Hermannsburger Mission überführt. Er selbst war nicht nur der alleinige Redakteur der in hoher Auflage vertriebenen Missionszeitschrift (›Nachrichten aus der lutherischen Mission in Persien‹), in der er zumeist Berichte der Mitarbeiter veröffentlichte und das Geschehen durch Kommentare begleitete, sondern auch Verfasser einiger Bändchen zur Geschichte der Apostolischen Kirche des Ostens.

Detwig von Oertzen (1876–1950), Theologe, der zunächst für die Deutsche Orientmission in der Urmia-Region tätig war, dann die Missionstation in Mahabad leitete (Mission unter Kurden) und das Markusevangelium ins Kurdische übersetzte. Nach kurzer Zeit als Vorsteher diakonischer Anstalten ging er als Missionar der deutschen Sudan-Pioniermission nach Ägypten, im Ersten Weltkrieg als Militärpfarrer nach Konstantinopel und Bagdad, kurz nach Mosul und übernahm dann die Leitung des deutschen Soldatenheimes in Mardin. Von dort führte sein Weg über Aleppo auf die deutsche Pfarrstelle in Beirut. Weitere Pfarrstellen im Orient folgten: zunächst Haifa, dann Jaffa, das er als bereits im Ruhestand befindlicher Pfarrer versorgte. Wegen des Zweiten Weltkrieges wich er nach Deutschland aus und starb in Baden.

Literaturhinweise

Zum historischen Kontext der Bewegung der ›lutherischen Nestorianer‹ sei lediglich auf folgende Werke verwiesen:

J.F. Coakley, *The Church of the East and the Church of England. A History of the Archbishop of Canterbury's Assyrian Mission*, Oxford 1992.

Siawusch Sohrab, *Die deutsch-persischen Wirtschaftsbeziehungen vor dem Ersten Weltkrieg*, Frankfurt am Main 1976.

David Wilmshurst, *The Ecclesiastical Organisation of the Church of the East 1318–1913*, Leuven 2000.

Gabriele Yonan, *Ein vergessener Holocaust. Die Vernichtung der christlichen Assyrer in der Türkei*, Göttingen 1989 (anders als der Titel angibt werden auch Ereignisse in Persien behandelt).

Die folgende Liste eigener Studien zu den ›lutherischen Nestorianern‹ bietet Möglichkeiten zur Vertiefung und zum leichten Auffinden weiterer Quellenmaterials und relevanter Forschungsliteratur:

»Auf der Suche nach einer verlorenen Literatur. Erkundungen zum ostsyrischen Schrifttum der ›lutherischen Nestorianer‹«, in: Peter Bruns und Heinz Otto Luthe (Hg.), *Orientalia Christiana. Festschrift für Hubert Kaufhold zum 70. Geburtstag*, Wiesbaden 2013, S. 475–486.

»Westbindung als Ausweg? Die ›lutherischen Nestorianer‹ der Urmia-Region«, in: *Der Islam* 88 (2012), H. 1, S. 147–157.

»›Rückwanderung oder Bleiben in Europa und Amerika?‹ Ostsyrische Migranten in den ersten Jahrzehnten des 20. Jahrhunderts«, in: Dorothea Weltecke (Hg.), *Geschichte, Theologie, Liturgie und Gegenwartslage der syrischen Kirchen*, Wiesbaden 2012, S. 141–149.

»Gleichzeitig-ungleichzeitiges Wissen im Austausch. Exemplarisches zu Grundfragen transkulturellen Wissenaustausches am Beispiel der deutschen Kurdenmission in Mahabad«, in: Ulrich van der Heyden und Andreas Feldtkeller (Hg.), *Missionsgeschichte als Geschichte der Globalisierung von Wissen. Transkulturelle Wissensaneignung und -vermittlung durch christliche Missionare in Afrika und Asien im 17., 18. und 19. Jahrhundert*, Stuttgart 2012, S. 389–399.

»Mission und Kulturkonflikt: Deutsche Missionen im Iran des 19. Jahrhunderts«, in: Lothar Gall und Dietmar Willoweit (Hg.), *Judaism, Christianity, and Islam in the Course of History: Exchange and Conflicts*, München 2011, S. 433–446.

»Der Genozid an den Assyrern / Nestorianern (Ostsyrische Christen)«, in: Tessa Hofmann (Hg.), *Verfolgung, Vertreibung und Vernichtung der Christen im Osmanischen Reich 1912–1922*, Münster, 2. Auflage 2010, S. 95–110.

»Mission among Jews and Muslims in Mahabad: Strategies of the German Orient Mission in Iran«, in: Antti Laato und Pekka Lindqvist (Hg.), *Encounters of the Children of Abraham from the Ancient to Modern Times*, Leiden und Boston 2010, S. 293–312.

»Christian Orientals in Conversation with Islam. Two Examples from German Mission History in the Late Nineteenth and Early Twentieth Centuries«, in: *Toronto Journal of Theology* 26 (2010) H. 1, S. 3–20.

»The difficult way to becoming an Academic: Lazarus Jaure's distress during his stay at the University in Germany«, in: *Aram* 21 (2009), S. 61–78.

»After Centuries of Self-Assertation, the Way to Migration: Instances from the History of the Syrian Church in Turkey«, in: *The Harp* 24 (2009), S. 23–34.

»Die Anfänge der lutherisch-nestorianischen Bewegung im Iran«, in: *Pro Georgia* 19 (2009), S. 43–50.

»World War I and the Assyrians«, in: Erica C.D. Hunter (Hg.), *The Christian Heritage of Iraq. Collected papers from the Christianity of Iraq I-V Seminar Days*, Piscataway, NJ, 2009, S. 203–220.

»Veränderungspotential durch Kulturkontakt. Protestantismus

und orientalische Orthodoxie am Beispiel der Ostsyrer«, in: Martin Tamcke und Arthur Manukyan (Hg.), *Protestanten im Orient*, Würzburg 2009, S. 11–29.

»Nestorianisch, syrisch oder assyrisch? Beobachtungen zum Selbstverständnis der lutherischen Nestorianer in der Periode von 1875–1915«, in: Ute Pietruschka (Hg.), *Hermeneutik und Exegese. Verstehenslehre und Verstehensdeutung im regionalen System koexistierender Religionsgemeinschaften im Orient*, Halle 2009, S. 159–170.

»›Diesem furchtbaren Gottesgerichte gegenüber, das wir gesehen und erlebt haben‹. Theologische Deutungen der Verfolgungen der ostsyrischen Christen aus ostsyrisch-lutherischen Berichten während des Ersten Weltkrieges«, in: Martin Tamcke (Hg.), *Christliche Gotteslehre im Orient seit dem Aufkommen des Islams bis zur Gegenwart*, Beirut und Würzburg 2008, S. 203–212.

»Der schwere Weg zum Akademiker. Die Nöte des Lazarus Jaure während seines Universitätsstudiums in Deutschland«, in: Shabo Talay (Hg.), *Suryoye l-Suryoye. Ausgewählte Beiträge zur aramäischen Sprache, Geschichte und Kultur*, Piscataway, NJ, 2008, S. 191–212.

»›Die räuberischen Kurden‹. Exemplarische Einblicke zu inneren und äußeren Nöten der syrischen Bevölkerung im Iran im Gegenüber zu den sesshaft werdenden Kurden aus der Zeit um die Wende vom 19. zum 20. Jahrhundert«, in: Sophia G. Vashalomidze und Lutz Greisiger (Hg.), *Der Christliche Orient und seine Umwelt. Gesammelte Studien zu Ehren Jürgen Tubachs anläßlich seines 60. Geburtstags*, Wiesbaden 2007, S. 365–380.

»Die Ambivalenz der Präsenz der Russen in Urmia. Anmerkungen zu einem neu aufgefundenen Brief des Lazarus Jaure aus dem Jahr 1912,« in: *The Harp* 20 (2006), S. 65–72.

»Die deutschen Kurdenmissionen in Mahabad in ihrem Kontakt zu den orientalischen Christen«, in: Heleen Murre-van den Berg (Hg.), *New Faith in Ancient Lands. Western Missions in the Middle East in the Nineteenth and Early Twentieth Centuries*, Leiden und Boston 2006, S. 175–190.

»Changes in Protestant Assyrian Self-Awareness after the First World War«, in: Olaf Farschid, Manfred Kropp und Stephan Dähne (Hg.), *The First World War as Remembered in the Countries of the Eastern Mediterranean*, Beirut und Würzburg 2006, S. 141–148.

»Die Zerstörung der ostsyrischen Gemeinde in Wasirabad im Kontext von religiöser Konkurrenz, Weltkrieg und ökonomischer Not«, in: Walter Beltz und Jürgen Tubach (Hg.), *Expansion und Destruktion in lokalen und regionalen Systemen koexistierender Religionsgemeinschaften*, Halle 2006, S. 191–202.

»Minderheitenpsyche und kulturelle Codes. Beobachtungen zu ›assyrischen‹ Quellen des 19. und 20. Jahrhunderts«, in: Ute Pietruschka (Hg.), *Gemeinsame kulturelle Codes in koexistierenden Religionsgemeinschaften*, Halle 2005, S. 203–214.

»Die Vernichtung der Ostsyrischen Christen im Osmanischen Reich und den osmanisch besetzten Gebieten des Iran«, in: *Der Völkermord an den Armeniern und syrischen Christen* [epd Dokumentation 17/18], Frankfurt am Main 2005, S. 38–48.

»Ein Brief des Lazarus Jaure aus dem Frühjahr 1916 zu den Geschehnissen in Urmia«, in: Martin Tamcke und Andreas Heinz (Hg.), *Die Suryoye und ihre Umwelt. 4. deutsches Syrologen-Symposium in Trier 2004. Festgabe Wolfgang Hage zum 70. Geburtstag*, Münster 2005, S. 59–72.

»›… damit die Unschuld und Ehre gerettet und das Recht geschützt oder der Betrug offenbar und gestraft werde.‹ Ein Exempel aus der ersten Migrationswelle der Nestorianer im Südrußland des 19. Jahrhunderts«, in: Martin Tamcke (Hg.), *Syriaca. Zur Geschichte, Theologie, Liturgie und Gegenwartslage der syrischen Kirchen*, Münster 2002, S. 449–458.

»Nach Russland, Deutschland. ›Ja über den Ozean in das Land der Freiheit und des Dollars‹: Streiflichter aus deutschen Akten zur ersten Migrationswelle der Ostsyrer (Assyrer / ›Nestorianer‹)«, in: *Journal of Eastern Christian Studies* 54 (2002), S. 25–38.

Art. »Pascha, Johannes«, in: *Biographisch-Bibliographisches Kirchenlexikon* 18 (2001), Sp. 1118–1119.

Art. »Pera, Johannes«, in: *Biographisch-Bibliographisches Kirchenlexikon* 18 (2001), Sp. 1136–1138.

Art. »Pera, Luther«, in: *Biographisch-Bibliographisches Kirchenlexikon* 18 (2001), Sp. 1138–1139.

»›Warum ist es so gekommen?‹ (Karl Röbbelen) Die Hermannsburger Erfahrung des Nestorianer-Genozids«, in: Wolfgang Günther (Hg.), *Verstehen und Übersetzen. Beiträge vom Missionstheologischen Symposium Hermannsburg, 10.–12.10.1999*, Hermannsburg 2000, S. 87–108.

»Johannes Pascha (1862–1911): Der Leidensweg eines ›kollektierenden Syrers‹«, in: *The Harp* 11–12 (1998/99), S. 203–223.

»Die Arbeit im Vorderen Orient«, in: Ernst-August Lüdemann (Hg., zusammen mit Arbeitskreis), *Vision: Gemeinde weltweit. 150 Jahre Hermannsburger Mission und Ev.-luth. Missionswerk in Niedersachsen*, Hermannsburg 2000, S. 511–548.

»Wie Kascha Ablachat zu einem Pferd kam. Eine Episode aus dem Jahr 1911 zur Mentalität des ostsyrisch-deutschen Kulturkontaktes«, in: Bärbel Köhler (Hg.), *Religion und Wahrheit. Religionsgeschichtliche Studien. Festschrift für Gernot Wießner zum 65. Geburtstag*, Harrassowitz 1998, S. 401–410.

Art. »Wickert, Winfried Wilhelm Theodor«, *Biographisch-Bibliographisches Kirchenlexikon* 13 (1998), Sp. 1046–1047.

»Idee und Praxis der Islammission bei den ›lutherischen Nestorianern‹«, in: René Lavenant (Hg.), *Symposium Syriacum VII*, Rom 1998, S. 315–322.

»Luther Pera's Contribution to the Restoration of the Church of the East in Urmia«, in: *The Harp* 8/9 (1995/96), S. 251–261.

»Urmia und Hermannsburg. Luther Pera im Dienst der Hermannsburger Mission in Urmia 1910–1915«, in: *Oriens Christianus* 80 (1996), S. 43–65.

»›Eingeborener Helfer‹ oder Missionar? Wege und Nöte des Lazarus Jaure im Dienst der Mission«, in: Martin Tamcke, Wolfgang Schwaigert und Egbert Schlarb (Hg.), *Syrisches Christentum weltweit. Festschrift für Wolfgang Hage*, Münster 1995, S. 355–385.

»Karl Röbbelen: Zivilcourage für den fernen Nächsten. Von einer frühen Beziehung des Missionsseminars zu den gefährdeten Völkern des Ostens«, in: *Jahrbuch des Ev.-luth. Missionswerkes in Niedersachsen* (1994), S. 93–97.

»Die Kontroverse um die Gültigkeit der lutherischen Ordination anstelle der Priesterweihe in der Kirche des Ostens (Nestorianer)«, in: Michael Kohlbacher und Markus Lesinski (Hg.), *Horizonte der Christenheit. Festschrift für Friedrich Heyer zu seinem 85. Geburtstag*, Erlangen 1994, S. 268–274.

Art. »Röbbelen, Karl«, in: *Biographisch-Bibliographisches Kirchenlexikon* 8 (1994), Sp. 503–504.

»Die Konfessionsfrage bei den lutherischen Nestorianern«, in: *Aram* 5 (1993), S. 521–536.

Dank

Herzlich danken möchte ich Sven Grebenstein für seine redaktionelle Betreuung des Textes. Seit Jahren ist er Mitarbeiter an meinem Institut und hat mit seiner engagierten und unaufgeregten Art wesentlichen Anteil an der Gestaltung des Institutsalltags. Mich macht es dankbar, dass er sich auch zur Bearbeitung dieses Textes bereitfand, obwohl er als Vater seines Sohnes Aaron gefordert war und angesichts anderer Aufgaben diese Arbeit nicht auch noch hätte auf sich nehmen sollen. Ohne ihn wäre der Band nicht so geworden, wie er jetzt Gestalt angenommen hat.

Inhalt

Muriel Mirak-Weißbach

Jenseits der Feuerwand

Armenien – Irak – Palästina: Vom Zorn zur Versöhnung

Broschur / 264 Seiten / ISBN 978-3-89930-368-1

»Mirak-Weißbach lässt den Leser verstehen, wie sich Hass, Zorn, Vorurteile und ein Durst nach Rache in die Psyche der Generationen eingebrannt haben, die die schrecklichen Erlebnisse in den Händen ihrer Unterdrücker erleiden mussten. Im Gegenzug bietet sie Hoffnung und glaubt an die Kraft des Dialogs und der Versöhnung.« *Armenian Reporter*

»Die Fähigkeit der Autorin, persönliche Erzählung mit politischer Analyse zu kombinieren, bisher unbeachtete historische Tatsachen anzubringen und den Weg in eine bessere Zukunft aufzuzeigen, machen es zu einem herausragenden Buch.« *Jordan Times*

»Eine engagierte Forscherin und Menschenrechtlerin.«
Walid Khalidi

www.schiler.de

Boulos Harb

Vom Zedernland zum Eichenwald

Erinnerungen eines rebellischen orientalischen Christen

Broschur / 300 Seiten / ISBN 978-3-89930-366-7

»Als Pendler zwischen Orient und Okzident lag es nahe, dass er seine Erfahrungen gepaart mit einer Gesellschaftsanalyse nieder- schreibt ... Er kennt sich bestens aus: Als Theologe und Mitglied der maronitischen Kirche lehrte er zuerst bei Beirut, eckte aber bei seinen von den Jesuiten ausgebildeten Kollegen an, weil er seinen begeisterten Studenten die orientalischen Wurzeln ihres christ- lichen Glaubens näherbrachte.« *Bergedorfer-Zeitung*

»Wo auch der Autor weilte, er sah Impulse, die Minoritäten aus Mittelost zu verdrängen. ›Zwischen Bibel und Koran‹ stimmt Harb aber kein unentwegtes Klagelied an. Der Mann aus dem Jahrgang 1933 bringt dafür seine eigenen Ideen ein und greift auf die histo- rische Entwicklung zurück.« *Wolfgang G. Schwanitz*

www.schiler.de

Rita El Khayat
Wenn sie Mütter werden...

Medea und die Frauen des Mittelmeeres
Übersetzt von Heike Baake
Broschur / 168 Seiten / ISBN 978-3-89930-220-2

Tragische Mütter der griechischen und römischen Mythologie, blutrünstige arabische Prinzessinnen der vorislamischen Ära, gewöhnliche beherrschende und kastrierende Mütter: Sie alle bergen die symbolischen Fähigkeiten in sich, Schaden zu stiften und Tod zu bringen. Zwar finden sich diese Charakteristiken auch in anderen Kulturen, aber zwischen den Mittelmeerfrauen einerseits und asiatischen oder nordischen Frauen andererseits lässt sich nicht wirklich eine Gleichartigkeit herausstellen. Matriarchinnen, Stiefmütter, Matronen, Mannweiber und andere abscheuliche Repräsentationen des Weiblichen und Mütterlichen sind dort weit verbreitet. Die Mütter haben den Söhnen sowohl Gewalt als auch Hass eingeträufelt.

Rita El Khayat, geboren 1944 in Rabat, Marokko, ist Psychiaterin, Psychoanalytikerin, Schriftstellerin und Anthropologin. Sie lebte, studierte und forschte in Casablanca und in Paris, wo sie auch klassisches Arabisch an der École spéciale des langues orientales studierte und zu schreiben begann. Die Autorin von über 350 Artikeln und mehr als 30 Büchern ist bekannt für ihr internationales Engagement für die Emanzipation und die sozialen Rechte der Frau.